Os Druidas

Coleção Khronos
Dirigida por J. Guinsburg

Equipe de realização: Edição de Texto: Daniel G. Mendes e Mariana Munhoz; Revisão: Iracema A. Oliveira Produção: Ricardo W. Neves, Raquel Fernandes Abranches, Sergio Kon, Luiz Henrique Soares e Elen Durando.

Filippo Lourenço Olivieri

Os Druidas

CIP-Brasil. Catalogação na Publicação
Sindicato Nacional dos Editores de Livros, RJ

055d
    Olivieri, Filippo Lourenço
    Os druidas / Filippo Lourenço Olivieri. - 1. ed. - São Paulo : Perspectiva, 2014.
    il. ; 21 cm. (Khronos ; 26)

    Inclui bibliografia
    ISBN 978-85-273-1014-7

    1. Druidas e druidismo. 2. Celtas - Religião. 3. Espiritismo. 4. Civilização céltica. I. Título. II. Série.

14-15312   CDD: 299.16
                                                   CDU: 299.16

25/08/2014 28/08/2014

Direitos reservados à

EDITORA PERSPECTIVA S.A.

Av. Brigadeiro Luís Antônio, 3025
01401-000   São Paulo SP Brasil
Telefax: (11) 3885-8388
www.editoraperspectiva.com.br

2014

Para Vânia e Breno

*Agradeço em especial
ao Prof. Dr. Ciro Flamarion Cardoso,
que me orientou em meu doutorado
e gentilmente preparou o prefácio deste livro,
pelas valiosas sugestões. Ele foi um grande mestre
e inspiração para todos.*

SUMÁRIO

CRONOLOGIA 11
PREFÁCIO – *Ciro Flamarion Cardoso* 13
INTRODUÇÃO 16

PRIMEIRA PARTE: OS FATOS

1. Os Celtas e os Druidas 23
2. Os Druidas e a Sociedade Celta 42
3. As Funções 55
4. As Crenças 75
5. Os Druidas e Roma 92
6. Conclusão 103

SEGUNDA PARTE: ELEMENTOS DO DOSSIÊ E ESTADO DA QUESTÃO

Fontes Clássicas..................... 109
Questões Sobre os Druidas .... .123
Evidências Materiais?................ .127
Considerações Sobre a Bibliografia......... .129
Bibliografia .... .131

CRONOLOGIA

Em grande parte, o que conhecemos sobre os povos celtas por intermédio dos relatos das fontes clássicas se confunde principalmente com a expansão de Roma. As informações sobre os druidas surgem, particularmente, na esteira do avanço das legiões romanas. De forma sintética, no século III a.c, povos falantes de línguas celtas ocupavam uma vasta região da Europa, da Irlanda à Itália e de Portugal ao Mar Negro e à Turquia. A partir do século III a.c., Roma expande-se sobre os territórios celtas do norte da Itália. Essa expansão termina no século II a.c. Nesse mesmo século, os romanos tomam boa parte do território da Península Ibérica e subjugam a resistência dos povos celtiberos.

Entre 125-121 a.C., o sudeste da Gália (Gália Narbonense), correspondente ao sudeste da França, entra para a esfera romana, permitindo uma comunicação terrestre entre a Itália e a Península Ibérica. Entre 58-50 a.C., César conquista a Gália interior, o território entre o maciço dos Pirineus e o rio Reno, permitindo que as legiões romanas alcancem o mar do

Norte. Os povos alpinos são definitivamente conquistados nas últimas décadas do século I a.C., bem como os povos celtas da Europa central. A Galácia (centro da Turquia) foi incorporada a Roma em 25 a.C. Em 43 d.C., Roma conquista o sul da Britânia (Grã-Bretanha). Na segunda metade do século I d.C. os romanos se expandem temporariamente até a atual Escócia.

O quadro a seguir descreve as divisões da Idade do Ferro e uma síntese dos eventos históricos que envolvem a expansão de Roma sobre territórios habitados por povos falantes de línguas celtas.

PERÍODOS	CRONOLOGIA DA IDADE DO FERRO
~ 800 – 450 a.C.	1ª Idade do Ferro – Período Hallstatiano
~ 450 – 30 a.C. (para a Gália)	2ª Idade do Ferro – Período Lateniano

PERÍODOS E DATAS	SÍNTESE DO AVANÇO DE ROMA SOBRE OS POVOS CELTAS
II a.C.	Povos celtas fixados na Itália
II a.C.	Povos celtiberos
125-121 a.C.	Sudeste da Gália
58 – 50 a.C.	Gália interior
Décadas de 20 e 10 a.C.	Celtas da Europa Central
25 d.C.	Galácia.
43 a.C.	Sul da Britânia
83 d.C.	Avanço sobre a Escócia

PREFÁCIO

O paleoantropólogo Richard Leakey certa vez emitiu um ótimo conselho destinado ao intelectual ou cientista que expressa suas ideias diante de um público, seja de ouvintes, seja de leitores: "Você deve sempre indicar claramente ao seu leitor, ou a quem o escuta, a transição daquilo que sabe para aquilo que acha". Para quem fala ou escreve com seriedade sobre os antigos druidas, seguir tal conselho significa empregar com muito mais o *talvez* do que o *seguramente*. Isso se nota com frequência no texto introdutório acerca do tema e de seu contexto, a civilização céltica da Idade do Ferro. O autor sempre deixa claro, com toda a honestidade, quando está lidando com dados mais ou menos seguros, ou, pelo contrário, com hipóteses, suposições e conjecturas, cujos graus de probabilidade e verossimilhança variam.

Não se trata, sem dúvida, de uma situação única no tocante aos estudos de História Antiga. Em se considerando o antigo Israel, por exemplo, até chegarmos – bem tardiamente no fio narrativo dos textos bíblicos – há alguns reis que, tendo entrado em alianças ou conflitos com outros monarcas do antigo Oriente Próximo, foram mencionados em inscrições fora da Palestina, se bem que o estudo comparativo sancione a existência de certas instituições, como o levirato, e que a arqueologia, por sua vez, mostre a autenticidade da topografia histórica de alguns dos sítios mencionados, *nenhum* personagem ou acontecimento – por exemplo: Abraão; a destruição de Sodoma e Gomorra; José no Egito e o Êxodo; Moisés; os Juízes – tem comprovação independente por ser mencionado fora do texto da Bíblia. A palavra "Israel" como etnônimo aparece pela primeira vez tardiamente, em texto egípcio do século XIII antes de Cristo.

Um dos métodos mais úteis, nos estudos da Antiguidade, para o esclarecimento das características de um determinado grupo que se estude, é a prosopografia, ou seja, a acumulação de biografias de seus membros, que permitam o conhecimento de numerosas histórias de vida, iluminadoras dos contornos das coletividades analisadas. Assim, se avançou no conhecimento das carreiras dos setores dominantes do Alto Império Romano (senadores e equestres) devido à existência de copioso material na forma de inscrições epigráficas e, às vezes, também de fontes literárias. Também foi assim que se veio a conhecer melhor aqueles que governavam o Egito dos faraós, por exemplo: mediante o exame comparativo de suas biografias funerárias. Ora, isso seria absolutamente impossível no caso dos druidas, já que sabemos de sua existência, mas praticamente não contamos com informações sobre druidas individuais e suas trajetórias.

Embora a atividade druídica mais universalmente mencionada e desprovida de controvérsia seja a sacerdotal, ao não terem sido descobertas inscrições pré-cristãs que contenham a palavra *druida*, não importa em qual língua, qualquer conexão entre essas e um sítio arqueológico específico, dotado de conotações religiosas, no estado atual da documentação, depende de suposições não suscetíveis de prova cabal.

É verdade, porém, que, mesmo assim, algumas dessas suposições têm um peso considerável; os argumentos a seu favor não são sempre nem necessariamente frágeis, mesmo na ausência de uma comprovação indiscutível.

Um dos tipos de fontes escritas utilizáveis para enfocar os druidas são as menções a eles contidas em escritos greco-romanos de variados tipos. Ora, tais menções, datáveis do segundo século antes de Cristo até o quarto século depois de Cristo, são no conjunto pouco numerosas, em certos casos de segunda mão, e não permitem associar o grupo de que tratamos a toda a extensão do mundo celta antigo. Os especialistas são prudentes ao usá-las e conseguem estabelecer graus de confiança que podem atribuir-se a tais escritos. Há, atualmente, uma tendência a valorizar o testemunho de César, que teve com os celtas da Gália um contato bastante prolongado.

Espero que o que eu escrevi até aqui proporcione ao leitor alguma ideia acerca de que o estudo dos druidas é um setor de pesquisa marcado por grandes dificuldades. Sendo poucas as fontes, armadilhas espreitam, na forma de possíveis explorações ou generalizações excessivas, do que delas se possa inferir com base suficiente. A meu ver, Filippo Olivieri, que defendeu com sucesso uma tese de doutorado sobre o tema que aqui sintetiza, saiu-se bem na produção de um texto curto, porém muito informativo e atualizado, acompanhado, além do mais, de um conjunto abundante de fontes primárias, precedidas de úteis considerações. O seu livro proporciona também um quadro resumido, mas muito confiável da civilização celta antiga, em cujo contexto os druidas atuaram.

Ciro Flamarion Cardoso
Professor Titular de História Antiga,
Universidade Federal Fluminense

INTRODUÇÃO[1]

Esta obra se propõe a ser uma introdução ao estudo dos druidas e dos principais temas relativos a sua história. Ela se dirige aos pesquisadores, aos que já têm familiaridade com o tema, e também ao grande público interessado no assunto. Almejamos, com isso contribuir para a compreensão do lugar desse grupo na antiga sociedade celta. Os druidas são um tema instigante e objeto de muitos estudos. Contudo, é um assunto com muitas questões e fonte de concepções distorcidas e há muito cristalizadas no imaginário das pessoas. Como autoridades com diversas funções – político-religiosas, por exemplo – entre os antigos celtas, esse grupo não deve ser visto como um fenômeno exótico ou misterioso, sob o risco de repetirmos os lugares comuns de alguns escritores antigos.

---

1   Este livro trata do mesmo tema de minha tese de doutorado, defendida na Universidade Federal Fluminense (UFF), em 2008, com bolsa do Conselho Nacional de Desenvolvimento Científico e Tecnológico (CNPq). No entanto, não consiste em uma versão reduzida dela, mas em um trabalho diferenciado e introdutório ao tema.

Pretendo abordar principalmente os druidas da Gália e da Britânia, entre os séculos II a.C. e I d.C.[2] Esse período coincide com os celtas do final da Idade do Ferro, tempo dos ópidos (fortalezas amuralhadas). Os textos mais antigos que chegaram até nós relatam sobre druidas atuantes nessa época: Júlio César (100 a.C. – 44 a.C.) que escreveu em meados do século I a.C. e é um dos autores mais relevantes, conheceu essas fortalezas celtas e elaborou os seus comentários a partir de observações desse contexto histórico. Como busco demonstrar adiante, o surgimento e a existência dessas fortalezas estariam ligados aos druidas. Eles teriam sido os grandes promotores do fenômeno dos ópidos. Além disso, as informações provenientes das fontes disponíveis atualmente permitem que seja construído um quadro – ainda que lacunar e superficial – da sociedade celta (em particular na Gália) do final da Idade do Ferro. Não descarto, absolutamente, a existência desse grupo séculos antes dos ópidos, mas isso não está claro. Também abordarei o período romano, pois entendo que a atuação dos druidas nessa época é relevante para compreender o lugar do grupo no período anterior, bem como seu papel durante a ocupação romana.

A principal região a qual me reportarei será a Gália, na qual os druidas estariam ativos nos séculos II e I a.C.[3] A maioria das citações se refere a druidas nessa região. Uma fonte clássica muito importante é *A Guerra das Gálias,* de Júlio César. E não poderia ser diferente, uma vez que os relatos das campanhas do general romano sempre têm informações úteis a oferecer e são os mais confiáveis. B. Cunliffe discorre sobre

---

2   A Gália compreendia os territórios da França, da Bélgica, de Luxemburgo, o oeste da Suíça e a porção à margem esquerda do rio Reno, na Alemanha. Sobre a Gália ver: A. Ferdiére, *Les Gaules*, p. 57-129. A Britânia compreendia a atual Grã-Bretanha: Inglaterra, País de Gales e Escócia. Sobre a Britânia ver: B. Cunliffe, *Iron Age Britain*, p. 54-123.
3   Ver B. Cunliffe, *Druids*, p. 16. Todas as citações foram traduzidas por mim, salvo quando informado diferentemente.

a relevância dos relatos de César acerca dos druidas: "César deixou-nos o mais completo, e de muitas maneiras o mais convincente, relato sobre as funções da classe dos druidas".[4] Por sua vez, M. Aldhouse-Green considera que:

> Caio Júlio César é a nossa fonte textual mais rica para os antigos druidas e também uma das mais confiáveis. [...] Acompanhantes de César nas suas campanhas incluíam membros da ordem senatorial que não apenas enviariam os seus próprios relatos para Roma juntamente com os do comandante, mas não hesitariam em criticar qualquer tentativa de séria digressão da verdade. Em todo caso, não há razão real para César ter utilizado o livro seis do seu *De Bello Gallico* para desviar da observação factual visando se aventurar em histórias românticas. Tal escrita não teria acrescentado nada à sua própria glória em casa, ao invés, teria lançado dúvida sobre os seus comentários. Para mim, então, pouco propósito há em duvidar da natureza genuína das referências de César sobre os druidas.[5]

Os druidas poderiam já dispor de grande influência um século antes das campanhas de César, particularmente na Gália temperada (não mediterrânica). É provável que já estivessem presentes desde o início do Período Lateniano (Segunda Idade do Ferro)[6]. Contudo, devem ter evoluído quanto às suas prerrogativas e importância no seio da sociedade celta até o final da Idade do Ferro. Entretanto, é interessante notar que os relatos que sobreviveram são datados a partir do século I a.C. Talvez, a explicação para isso é que os druidas somente entraram em cena para os gregos e romanos quando Roma conquistou a Gália Narbonense (sudeste da França), no final do séc. II a.C. E, posteriormente, quando o filósofo

---

4 *The Ancient Celts*, p. 190.
5 *Caesar's Druids*, p. XV.
6 Esse e outros períodos históricos referidos no texto são particularmente usados em estudos arqueológicos; o Lateniano refere-se ao sítio suíço de La Tène, o Hallstatiano, ao sítio austríaco de Hallstatt. Para mais informações, ver quadro na p. 20.

grego estoico Posidônio (135-50 a.C.) viajou pelo sul e centro da Gália, em torno de 90 a.C., e escreveu sobre as atividades dos druidas – os originais não sobreviveram.

Os antigos celtas não registraram a sua história ou o seu dia a dia, portanto não temos tantas informações sobre eles como temos sobre as sociedades grega e romana, entre outras. O que sabemos acerca dos druidas é oriundo dos relatos de autores gregos e romanos. Numa certa medida, os Druidas constituem um tema com interrogações, mas sabemos que ocupavam uma posição de destaque na sociedade celta. Em conjunto com relatos escritos, procurei utilizar na constituição da pesquisa análises acerca da cultura material (entendida como o conjunto de elementos físicos resultantes da atividade humana), que servirão para complementar minhas articulações em relação a esse grupo. A cultura material pode indicar a presença dos druidas; Aldhouse-Green comenta:

> É claro, há um problema imediato com a arqueologia, porque não existe um vestígio de evidência arqueológica que possa ser ligado inequivocamente aos druidas. Mas, a fim de fazer algum sentido sobre os druidas como uma poderosa classe de líderes religiosos nós podemos examinar a cultura material contemporânea porque, se eles existiram nos dias de César, teriam operado dentro de um contexto de insígnia, equipamento ritual, sacrifício e lugares sagrados.[7]

Não utilizarei de forma extensa as informações das fontes literárias irlandesas. Essas foram redigidas por eclesiásticos irlandeses particularmente entre os séculos VIII e XIII d.C. e relatam eventos considerados míticos, mas também alguns eventos possivelmente históricos de períodos anteriores. Essa literatura apresenta druidas como Cathbad em atuação. Contudo, me reportarei aos que são referidos nos textos clássicos.

---

[7] Op. cit., p. XVI.

Ainda hoje, os druidas às vezes são definidos somente como sacerdotes que realizavam cultos nas profundezas das florestas. Na verdade, essas interpretações representam concepções distorcidas, baseadas parcialmente nos relatos dos autores antigos, mas também pautadas em distorções modernas. Através da literatura moderna e mesmo das histórias em quadrinhos, essas imagens influem na imaginação de muitas pessoas.

O estudo sobre eles deve ser empreendido com o rigor necessário para não se repetir inadvertidamente os clichês que atravessam certas concepções sobre esse tema.

PRIMEIRA PARTE:
OS FATOS

1. OS CELTAS E OS DRUIDAS

Os druidas devem ter causado fortes impressões nos autores clássicos, que não esperavam encontrar sábios entre os povos celtas, considerados bárbaros. Dessa forma, certas questões acerca dos druidas envolvem questões acerca dos celtas. Assim, abordar a sociedade celta, mesmo que em linhas gerais, é relevante. As fontes clássicas, bem como as fontes materiais, podem ainda revelar esclarecimentos acerca dos druidas.

Os Celtas

Os druidas são citados sempre no seio de povos celtas na Gália e na Britânia, e posteriormente na Irlanda. Normalmente, em relação ao mundo antigo, identificam-se os celtas principalmente pela língua e por outros elementos culturais como a arte e a religião. Tradicionalmente, povos falantes de línguas celtas teriam ocupado, no século III a.C., um território vasto que se estendia do mar Negro à Irlanda e da península Ibérica ao norte da Itália. Obviamente, num território tão extenso, sem unidade administrativa, sem um poder central, houve diversidade cultural. No entanto, acredito que havia certa unidade dentro dessa diversidade. No centro e norte da Gália pode-se encontrar uma relativa coesão, particularmente devido ao advento dos ópidos; sobre os antigos celtas, Venceslas Kruta afirma que:

> Trata-se de um mosaico de povos que tinham em comum o pertencimento de suas línguas a uma mesma família de origem indo-europeia e o essencial de uma religião de mesma origem. A presença, durável ou temporária, de populações de língua céltica em 22 países da Europa atual é igualmente confirmada pela toponímia, o estudo dos nomes de lugar.[1]

Um mosaico de povos não implica que não houvesse alguma homogeneidade entre populações em certas regiões. Na abertura de *A Guerra das Gálias*, César afirma que os gauleses situados entre os rios Garona e Sena (a Gália Céltica, como é citada por ele), se nomeavam "celtas". Essa informação é valiosa e deve se tratar de uma informação fidedigna. Etnônimos e antropônimos derivados do vocábulo "celta" podem ser encontrados em todo o domínio de povos dessa língua. Entre estes, podemos citar o pai de Vercingetorix, Celtilo, e um povo da Lusitânia, os celtici. Não devemos descartar a possibilidade de que houvesse uma identidade, ainda que tênue, por exemplo, em algumas regiões da Europa temperada, fortalecida com o advento das fortalezas celtas, os ópidos.

A disseminação das moedas com a utilização de elementos que representavam crenças celtas pode ter sido um elemento decisivo para o fortalecimento das concepções identitárias locais, certamente corroboradas pela atuação dos druidas. Contudo, é difícil dizer em que medida o termo

---

1 V. Kruta; D. Bertuzzi, *La Cruche celte de Brno*, p. 9.

"celtas" era de fato utilizado pelas populações da Gália pré-
-romana. Vale ressaltar que o termo "celtas" jamais é utilizado
para nomear os povos da Britânia.

Esse termo, no entanto, possui limitações. Nas "bordas"
do mundo celta havia povos cuja cultura recebera influências
externas. Alguns exemplos são os povos da faixa mediter-
rânea francesa, uma vez que essa região, antes da conquista
romana, apresentava elementos culturais ibéricos, lígures e
gregos. Outro caso diz respeito aos celtas do médio e baixo
Danúbio, cujo território estava dividido com outros povos
não celtas, como os trácios, ilírios e os dácios. Na Península
Ibérica também encontramos povos de língua celta como os
celtiberos e povos não celtas ou não indo-europeus: os iberos.
No norte da Grã-Bretanha a língua dos pictos parece conter
certos elementos não identificados como celtas.

É provável que o povo celta, em sua diversidade cultural,
fosse resultado de interação entre culturas e estava sempre
recebendo influências. Todavia, defendo a concepção de que,
antes da conquista romana, a maioria das populações de língua
celta incorporou elementos culturais externos por meio da
sua própria forma de ver o mundo. Segundo o arqueólogo
Michel Bats que analisa relações entre culturas mediterrânicas
e continentais: "A adoção de um objeto em uma cultura não
significa a adoção da cultura desse objeto: [...] A recepção de
um objeto, em geral isolado do seu contexto, é sempre uma
reinterpretação no contexto da cultura receptora."[2]

Assim, acreditamos que os povos celtas, antes da conquista
romana, particularmente nas regiões não mediterrânicas, ao
adotarem elementos externos (moeda, vinho, alfabeto grego
ou latino etc.), o fizeram com o "filtro" dos seus próprios
parâmetros culturais.

---

[2] L'Acculturation et autres modèles de contacts em archéologie protohistorique européene, em M. Szabó (org.). *Celtes et Gaulois: L'Archeologie
face à l'Histoire*, p. 38.

Descrição Sintética da Sociedade Celta no Final da Idade do Ferro na Gália

O fulcro da análise se concentrou principalmente no período final da Idade do Ferro, em particular na Gália, uma vez que os textos reportam-se sobremaneira a esse período e região, permitindo uma abordagem – ainda que lacunar e superficial – da sociedade celta. Os druidas devem ter tido o seu apogeu nessa fase.

O quadro abaixo é uma proposta que posiciona os vários segmentos da sociedade celta, e é baseado principalmente nas fontes clássicas, particularmente no centro e leste da Gália nos séculos II e I a.C. Boa parte das informações provém dos relatos de César sobre os éduos (Borgonha, França).

Figura 1
Proposta de quadro esquemático da sociedade celta
na Gália centro-oriental nos séc. II e I a.C.

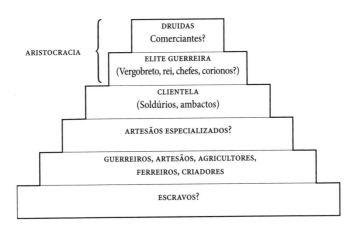

Druidas – Detinham funções variadas, particularmente político-religiosas, como veremos. Os druidas eram oriundos da aristocracia.

Elite guerreira – Segundo César, que os chamou de *eqüites* por analogia à ordem romana, tratavam de fazer a guerra, o que dá a entender que se dedicavam somente a essas atividades, o que é improvável. Alguns chefes como Dumnorix podiam ser oriundos das mesmas famílias que os druidas. Dumnorix era irmão mais jovem do druida Diviciaco[3].

Rei – Entre os gauleses, a realeza não era uma instituição política fundamental. César cita reis somente entre dois povos da Gália, os suessiones (Aisne) e os nitiobroges (Lot-et-Garonne). Os reis estavam sendo substituídos pelo vergobreto, pelo menos na Gália central e oriental, nos séculos II e I a.C. Na Britânia, a instituição se manteve até a conquista romana, no século I d.C.[4]

Vergobreto – As referências citam esse "magistrado" em alguns povos da Gália central. Ao que parece, no final da Idade do Ferro alguns povos gauleses substituíram o rei por um cargo com quase as mesmas prerrogativas, mas com atuação pelo período de um ano[5].

O quadro abaixo apresenta os relatos de César acerca do vergobreto dos éduos.

---

3   Op. cit., VI, 13.
4   J.-L. Brunaux, *Les Gaulois*, p. 106, e César, op. cit., II, 4; VII, 31. Sobre os reis suessiones Galba e Diviciaco e nitiobroge Olovico.
5   X. Delamarre, *Dictionnaire de la langue gauloise*, p. 314. Pode significar "o que julga com eficácia".

VERGOBRETO DOS ÉDUOS SEGUNDO CÉSAR[6]	
Funções	Função de magistrado supremo; Eleito por um ano; Poder régio; Poder de vida e morte sobre os membros da comunidade
Impedimentos	Dois membros da mesma família não poderiam ser eleitos para o cargo de vergobreto enquanto ambos fossem vivos; Dois membros da mesma família não podiam ser eleitos para o "senado" enquanto ambos fossem vivos; Durante o exercício do seu poder, o vergobreto não poderia sair do território do seu povo.
Eleição	Eleito pelos sacerdotes (druidas?); Local específico; Tempo específico
Outras Características	Havia um "senado" em torno do vergobreto a verificar os seus atos; Costume antigo

Membros desse grupo são citados na epigrafia do início do período romano, mas é difícil afirmar se isso significa apenas a continuação de um estado do final da Idade do Ferro. É relevante notar que a grande maioria dos povos com esse cargo estava dentro da Gália Céltica.

Corionos (?) – As fontes não citam, mas o termo é encontrado em nomes com significado de um chefe de exército. Em *Geografia*, texto que data do ano 18 d.C., o geógrafo Estrabão (*c*. 63 a.C. – 21 d.C.) relata que os gauleses elegiam um comandante em chefe para a guerra (não cita o termo gaulês), escolhido pela multidão[7].

---

6   César, op. cit., I, 16; VII, 32; VII, 33. Além dos éduos, o termo *vergobreto* também é atestado na epigrafia entre outros povos como: velavos, santones, lemovices, veliocassos, bituriges e lexovios. Estrabão, *Geografia*, IV, 4, 3. O autor também relata sobre a eleição de um chefe em cada ano.

7   X. Delamarre, op. cit., p. 125-126. Palavra gaulesa derivada de *corios* = exército. Ver Estrabão, op. cit., IV, 4, 3. Sobre o chefe de exército.

Comerciantes – Esse componente da sociedade celta na Gália é o mais difícil de identificar. Não se trata de uma suposta influência romana devido aos contatos com Roma antes da conquista. Podemos ver esse grupo como indivíduos inseridos no contexto da sociedade celta. Os aristocratas (druidas incluídos) tiveram que negociar diretamente com os mercadores romanos. Temos o caso do éduo Dumnorix que, de acordo com César, tinha influência sobre o comércio do seu povo[8]. Provavelmente a ida de Diviciaco a Roma não teve apenas o intuito de pedir auxílio aos romanos, mas possivelmente tratar de negócios relativos à importação do vinho. Uma vez que essa bebida era também utilizada em práticas religiosas, os druidas estariam interessados em tratar com os romanos. O historiador Diodoro (90 a.C. – 21 a.C.), que escreveu na segunda metade do século I a.C., afirma que, em certos casos, os celtas da Gália trocavam uma ânfora de vinho por um escravo[9]. Se a conservação dos prisioneiros de guerra ficava sob a jurisdição dos druidas, então a transação também passava por esse grupo. O exército de Breno, que atacou a Grécia no século III a.C., pode ter sido acompanhado de comerciantes profissionais, talvez para tratar do butim[10].

Soldúrios – Membros da clientela. Esses eram homens livres, possivelmente aristocratas, que seguiam o líder de perto, formando uma espécie de guarda pessoal, ao que parece em torno dos reis. Eles são sempre associados a personagens citados como reis, como Adiatuano, rei dos sotiates (Gália) e Cunobelino, rei dos trinovantes ou catuvelanos (Britânia)[11].

---

8   Op. cit., I, 18.
9   *Biblioteca Histórica*, V, 26.
10 J.-L. Brunaux, *Guerre et religion en Gaule*, p. 62, 76-77. A referência provém de Diodoro, op. cit., XXII, 9.
11 César, op. cit., III, 22. X. Delamarre, op. cit., p. 276-277, identifica *soldúrios* como "guarda de corpo, fiel, devotado".

Ambactos – Membros da clientela. O termo é utilizado por César ao relatar que os grandes chefes eram cercados por homens de confiança que lhes eram devotos[12]. Contudo, sugerimos que detinham *status* inferior aos soldúrios. Quando o chefe éduo Litavico é surpreendido conspirando contra o general romano, ele foge para o ópido de Gergóvia com os seus clientes, possivelmente os ambactos, e se junta a Vercingetorix:

> descoberta a fraude de Litavico, os éduos começam a mostrar as mãos, demonstrando que se rendiam e, atirando as armas, imploraram sua graça. Litavico escapa para Gergóvia com os seus clientes, pois segundo o costume gaulês é um crime abandonar seus patronos, mesmo em situações extremas[13].

Os ambactos eram homens livres que deviam jurar fidelidade aos seus patronos, os aristocratas, e servi-los nas guerras e causas particulares. Esses clientes não podiam abandonar os seus patronos, sob pena de caírem em desgraça. Os ambactos mais próximos dos chefes talvez recebessem algumas benesses como parte dos butins.

Artesãos especializados (?) – Não há referência sobre esses artesãos nas fontes clássicas. Entretanto, acreditamos que aqueles que cunhavam moedas e confeccionavam objetos para o uso da aristocracia em festins, bem como armas de melhor qualidade, deviam ter uma posição privilegiada na sociedade. Talvez recebessem encomendas dos aristocratas para fabricar determinados utensílios.

Guerreiros comuns, artesãos, agricultores, ferreiros, criadores, mineiros etc. – Esses deviam compor a grande massa da sociedade celta. Provavelmente ocupavam-se de todas as atividades recusadas pelos aristocratas: deviam arar o campo, cuidar dos rebanhos, trabalhar nas minas e, em grande parte,

---

12 Op. cit., VI, 15. X. Delamarre, op. cit., p. 40-41, identifica ambactos como "servidor, enviado", literalmente "aquele que circula em torno".
13 César, op. cit., VII, 40.

pegar em armas quando mobilizados pelas guerras. Nesse momento, não utilizavam capacetes (exclusivos aos aristocratas) ou cota de malhas (proteção para o tronco), mas escudo, espada, arco. A mão de obra para a construção e a manutenção dos ópidos estaria a cargo desses homens.

Escravos (?) – Vimos que Diodoro relata sobre os escravos trocados por uma ânfora de vinho. Sabemos que havia prisioneiros de guerra e reféns. Esses podiam ser membros da elite dos povos derrotados nas guerras, que eram mantidos para garantir acordos. César relata acerca de um escravo dos nérvios (Nord e Pas-de-Callais, França e Hainaut, Bélgica), cuja liberdade teria sido oferecida em troca de espionar as linhas celtas. Contudo, é possível que o general interpretasse a condição desse homem de acordo com a situação dos escravos em Roma[14].

A Identificação dos Druidas no Texto de César

Durante o cerco de César ao ópido de Gergóvia, no território dos arvernos (Auvérnia, França), irrompeu um conflito em Bibracte (Mont Beuvray, França), principal ópido dos éduos. César relata que havia uma disputa pelo poder. Os éduos haviam elegido o vergobreto (a eleição era anual), que segundo o autor era uma espécie de "magistrado" com funções reais[15]. Durante o ano de 52 a.C., dois vergobretos haviam sido eleitos, o legítimo, Convictolitavi, e um impostor, Coto. O general, então, se encontrou com o vergobreto legítimo, Convictolitavi, no ópido de Decetia (Décize, França), e o apoiou. Nesse momento, o autor fornece valiosas informações sobre as características desse cargo, que podem lançar

14 Ibidem, v, 45.
15 Ibidem, vii, 32-33.

mais luz sobre os druidas: pois, como vimos, o vergobreto era eleito pelos sacerdotes, que com certeza tratavam-se de druidas. Além disso, o vergobreto estava cercado por uma espécie de comitiva, pois quando Convictolitavi foi ao encontro do general em Decétia, estava acompanhado do que chama de senado dos éduos. A questão aqui se coloca da seguinte forma: onde estavam os druidas? Eles elegeram o vergobreto, mas não compareceram perante César?

Um dos mistérios dos relatos do general romano reside no fato de os druidas só serem citados na digressão do capítulo VI dos seus comentários. O autor nos dá informações relativamente detalhadas sobre seu papel na sociedade celta na Gália, mas durante toda a obra não cita nominalmente nenhum membro desse grupo. Arnaldo Momigliano comenta que César não teria encontrado nenhum druida durante suas campanhas, como uma das explicações[16]. Na verdade, acreditamos que o general romano deliberadamente não cita formalmente nenhum druida, talvez por razões políticas. É provável que o general não quisesse dar relevo a função de druida de Diviciaco, como uma forma de buscar desqualificar o papel deles nas suas campanhas e já visando à anexação da Gália à esfera romana.

Contudo, sabemos por meio de Cícero (106 a.C. – 43 a.C.) que Diviciaco era um druida. Assim, com relativa certeza, podemos identificar outros deles nos relatos de César, que tenham papéis semelhantes a Diviciaco. A principal atividade dele apontada por César era de embaixador e representante dos interesses do seu povo e mesmo de vários povos da Gália, como os sequanos, belovacos etc. É o mesmo papel apontado por Cícero para o aristocrata dos alóbroges (Savoy e Isère, França e Genebra, Suíça) Indutiomaro, em *Defesa de Marco Fonteio*, como veremos adiante. Cremos que certos personagens descritos, com algumas variações, como os "homens

---

[16] Ver *Os Limites da Helenização*, p. 68.

mais importantes entre os seus povos" e com atuação como embaixadores, talvez fossem druidas como Diviciaco.

O quadro a seguir descreve personagens citados por César e Cícero que, além de Diviciaco, poderiam também ser druidas. A exemplo de Diviciaco, também são referidos como homens importantes e com atuação de embaixadores.

PERSONAGENS	POVO DE ORIGEM	APRESENTAÇÃO	AÇÃO DOS PERSONAGENS
Indutiomaro	Alóbroges	Homem mais considerado da Gália (Cícero. *Defesa de Marco Fonteio*. XII, 27)	Representante dos gauleses
Nameio Verocloécio	Helvécios	Homens mais nobres do seu povo (César. I, 7)	Chefes das embaixadas. Permissão para os helvécios marcharem dentro do território da Província romana
Diviciaco	Éduos	Chefes éduos (César. I, 16) Druida (Cícero. *Sobre a Adivinhação*. XLI, 90)	Representante dos éduos e de outros povos Embaixador (entre outras)
Iccio Andocumbório	Remos	Primeiros homens do seu povo (César. II, 3)	Representantes dos remos Negociar rendição e pedir proteção de Roma

Como vimos, César informa que o vergobreto entre os éduos era eleito em uma data e local apropriados por intermédio dos sacerdotes, na verdade os druidas. Então, creio que se tratava de uma solenidade marcada por um ritual. Com certeza, deveria realizar-se em um espaço público ritualmente consagrado (em Bibracte?) em data prefixada talvez por meio da posição dos astros em consonância com um calendário litúrgico. Dessa forma, havia uma comitiva que cercava o vergobreto. Em outra passagem[17] relata que durante o conflito com os sequanos, os éduos haviam perdido quase todo o seu senado. Obviamente, o general utiliza uma comparação com o

---

17   César, op. cit., I, 31.

senado romano para designar uma espécie de conselho entre os povos celtas da Gália. Esse conselho deveria ter funções, *grosso modo*, semelhantes aos senadores em Roma, que além da política, também detinham prerrogativas religiosas. Se considerarmos que esses "senadores" não eram druidas, então haveria um conflito de poderes. Ou seja, "senadores" de um lado e druidas de outro. Tendo em vista que esses também detinham funções de cunho político, então podemos inferir com segurança que os "senadores" citados eram os druidas, ou pelo menos esse "senado" era composto em parte por eles.

O Impacto dos Druidas no Mundo Clássico

É possível refletir sobre qual a reação causada nas civilizações mediterrânicas quando tomaram conhecimento da existência dos druidas. Um dos relatos mais impactantes do ponto de vista da apresentação de vários lugares comuns provém do escritor romano Cícero, que em 69 a.C. escreveu sobre Marco Fonteio, que havia sido governador (75-73 a.C.) da província romana Gália Narbonense (sudeste da França)[18]. Os gauleses liderados por Indutiomaro, um aristocrata alóbrogo, acusavam Fonteio de extorsão por causa das taxas excessivas. Devido a isso, foi instituído um tribunal para tratar das questões entre Indutiomaro e Fonteio. Cícero, defensor do romano no tribunal, apresenta Indutiomaro como o homem mais influente da Gália, mas diz que nem o mais humilde romano teria menos crédito que ele[19]. Então, discursa buscando desqualificar o aristocrata gaulês utilizando uma gama de clichês sobre os celtas.

18 Ver B. Cunliffe, *Greeks, Romans & Barbarians*, p. 80-83; Idem, *The Ancient Celts*, p. 236-237. Sobre Fonteio ter instituído taxas para o transporte do vinho na Gália Narbonense.
19 Cícero, *Defesa de Marco Fonteio*, XII, 27.

Indutiomaro poderia ter sido um druida, já que Cícero associa esse personagem com o assassinato ritual na Gália Narbonense. O autor busca atingir justamente esse aristocrata que é o representante dos gauleses. Por sua função de porta-voz e provavelmente embaixador, Indutiomaro ocupa frente aos celtas uma posição semelhante àquela que, alguns anos mais tarde, o druida Diviciaco ocupará frente a César, porém como opositor dos romanos[20].

Durante o tribunal, Cícero evoca acontecimentos do passado que envolveram os gauleses, como o sítio de Roma em 389 a.C. e o saque do Oráculo de Delfos na Grécia em 279 a.C. O autor destaca três elementos, entre outros, para desqualificar os celtas e em particular o seu porta-voz: a prática dos sacrifícios humanos, as roupas (calças e capas) e a língua[21].

Na verdade, três elementos, entre outros, que podem ser referência de identidade: a religião, a indumentária e a língua. Além disso, os gauleses se difeririam dos outros povos por fazerem a guerra contra os deuses, fato que os colocaria como um povo ameaçador. Essa posição de Cícero sobre Indutiomaro destoa sobremaneira daquela que ele tomaria alguns anos mais tarde em relação a Diviciaco. Indutiomaro ostentava uma posição de prestígio entre os celtas, na porção da Gália conquistada por Roma, e estaria questionando as autoridades romanas. Assim, quando os druidas estavam organizados para interpelar a autoridade romana, eles seriam uma ameaça a ser considerada.

Os druidas teriam sido um tipo de autoridade religiosa desconhecida pelos gregos e romanos[22]. Acredito que os romanos possivelmente ficaram surpresos com o fato de que, entre povos considerados bárbaros, pudesse haver um grupo articulado e com conhecimentos elevados. De acordo com Cícero, Diviciaco teria conhecimentos sobre o que

20 M. Aldhouse-Green, *Dying for the Gods*, p. 189.
21 Op. cit., XIII, 30, XIV, 31, XV, 33.
22 J. Rives, *Religion in the Roman Empire*, p. 78-79.

os gregos chamavam de fisiologia. Apesar de cultivarem conhecimentos elevados, ligados à observação dos astros ou do mundo ao ser redor, também praticavam sacrifícios humanos. Dessa forma, os romanos deviam concebê-los de forma contraditória. Por fim, devido ao fato de esse grupo não se encaixar na dinâmica da administração romana nas províncias como a Gália e a Britânia, os druidas foram predominantemente vistos como bárbaros.

O Termo Druida

Existem questões acerca do significado do vocábulo "druida" desde o Mundo Antigo. Segundo o autor romano Plínio, o Velho (24 d.C. – 79 d.C.), a etimologia da palavra "druida" poderia derivar do vocábulo grego que designa uma árvore, o carvalho[23]. Todavia, "druida" é uma palavra de origem gaulesa. O termo seria composto por *dru* e *uid*[24]. Assim, o primeiro mantém uma controvérsia há muito tempo, pois *dru* seria ou um termo intensificador ou relativo ao carvalho (*deruo*, em gaulês). O segundo termo, *uid*, significaria "conhecimento, saber". Assim, existem dois sentidos possíveis: "grande sabedoria" ou "sabedoria da árvore ou do carvalho" (*Quercus robur*). Optei pela segunda possibilidade. Segundo Plínio, o carvalho era tido em alta conta pelos gauleses e nenhum ritual era realizado sem a presença de suas folhas. É bastante plausível que os celtas tivessem em sua cosmologia a crença em uma árvore cósmica que sustentava os mundos. Para os celtas, pelo menos na Gália, provavelmente o modelo da árvore cósmica seria o carvalho.

Um dado fundamental é o fato de os autores clássicos terem mantido o termo celta "druidas", ao invés de tentar

---

23 *História Natural*, XVI. O autor deve se referir ao vocábulo grego para carvalho, *drus*.
24 X. Delamarre, op. cit., p. 140-141, 148-149.

usar um termo grego ou latino para nomeá-los. O caso do relato de César é exemplar, pois na sua divisão da sociedade gaulesa em três partes (druidas, cavaleiros e plebe), utiliza termos romanos para designar os cavaleiros e a plebe. O termo "druidas" é utilizado pelos autores clássicos que perceberam as singularidades desse grupo em relação ao que era conhecido no mundo helenístico e em Roma.

Origem

Segundo César, a origem das crenças dos druidas se localizaria na Britânia e muitos deles iriam para a ilha a fim de aperfeiçoar os seus estudos[25]. Essa concepção costuma ser vista com descrédito, uma vez que seria mais provável que os movimentos populacionais, as incursões e os contatos comerciais tivessem levado as concepções druídicas da Gália para a Britânia. César provavelmente teria ouvido mitos sobre o sistema de crenças dos druidas ter se originado em ilhas do norte, se supusermos uma concepção correlata daquela narrada na literatura irlandesa[26]. Ele pode ter interpretado literalmente e apontado essa origem na ilha do norte, a Britânia. Porém, não devemos descartar que os gauleses indicassem a ilha como a origem mítica do saber druídico. Assim, é difícil precisar a origem do druidismo. Quando César faz suas observações, esse grupo já estava bem organizado na sociedade celta da Gália. Segundo o historiador Amiano Marcelino (330 d.C. – ~395 d.C.), os próprios druidas relatavam que os celtas da Gália eram originários de regiões além rio Reno, da própria Gália e de

---

[25] Op. cit., vi, 13; Plínio, o Velho, *História Natural*, xxx. Relata que o druidismo teria passado da Gália para a Britânia.
[26] De acordo com a *Segunda Batalha de Moytura*, o druidismo teria chegado à Irlanda oriundo de ilhas ao norte do mundo. Ver: C.-J. Guyonvarc'h; F. Le Roux, *Les Druides*, p. 305-315.

ilhas longínquas[27]. Estas possivelmente seriam ilhas míticas correlatas àquelas citadas nos mitos irlandeses.

Alguns autores apontam o início ou a existência dos druidas já nos séculos V ou IV a.C.[28] Sugerimos que o aparecimento deles estaria relacionado às manifestações artísticas no início do Período Lateniano. Ao que parece, a arte desse período revela elementos únicos, ainda que muitos dos motivos e temas artísticos já estivessem presentes no Período Hallstatiano e mesmo na Idade do Bronze, além de inspirados em elementos mediterrânicos. A dupla folha do visco, que parece ser representada desde o início do Período Lateniano, tornou-se um motivo artístico recorrente e associado ao que pode ser interpretado como uma divindade. Séculos mais tarde, Plínio relatará a relevância do visco para os druidas. Para Venceslas Kruta, as representações do visco que ornam cabeças humanas seriam de uma divindade, o deus Lug[29].

Nora Chadwick sugere que o druidismo poderia ter recebido influência da filosofia jônica via contatos com Massalia (Marselha, França) combinada com elementos nativos. Para a autora, a utilização de motivos artísticos gregos pela arte lateniana e o uso do alfabeto grego indicam a relação entre o druidismo e o mundo grego[30].

Reconheço o importante papel dessas influências sobre a cultura celta, contudo, a arte demonstra que os motivos helênicos como a palmete, a flor-de-lótus etc. – que, por sua vez, teriam origem oriental – foram adaptados à maneira céltica de conceber o mundo. Entendo que o druidismo, em que pese influências helênicas ou outras, se trata de uma manifestação

27 *História de Roma*, IX, 4.
28 Ver J.-L. Brunaux, Religion et sanctuaries, em C. Goudineau (org.), *Religion et société en Gaule*, p. 97. Considera os druidas já no século V a.C. Ver também B. Cunliffe, *Druids*, p. 4. Para o autor, os druidas já existiam no século IV a.C.
29 V. Kruta; D. Bertuzzi, *La Cruche celte de Brno*, p. 15, 18, 21. Sobre os motivos da arte celta, ver: Ibidem, p. 8-47.
30 *The Druids*, p. 101-102.

original celta. Contudo, isso não implica a ausência de concepções de povos mediterrânicos, que são difíceis de perceber. A suposta contribuição de Pitágoras (que será vista mais adiante) pode ser uma criação dos autores gregos que tinham dificuldade em conceber os povos bárbaros como passíveis de criar uma "filosofia", sem recorrer ao patrimônio cultural helênico.

Extensão da Presença dos Druidas

Se levarmos em conta as fontes que chegaram até nós, incluindo Posidônio, que conhecemos por meio de outros autores, o período em que os druidas, enquanto grupo organizado, estavam em plena atividade remete aos séculos II e I a.C. e a parte do século I d.C. (para a Britânia). As fontes citam a sua existência na Gália e na Britânia, enquanto as fontes literárias mitológicas, na Irlanda. Não há relatos sobre sua presença entre os celtiberos ou outros povos da Península Ibérica, nem entre os gálatas (celtas da Ásia menor, Turquia), celtas cisalpinos (celtas do norte da Itália) ou Europa danubiana (Europa Central). É provável que, entre os cisalpinos, os druidas estivessem presentes, contudo, em outras regiões, em particular na Península Ibérica, é questionável sustentar isso. A existência deles já seria assinalada em Massalia (Marselha, França) desde o fim do século III a.C.[31] Dessa forma, sua presença estaria atestada na Gália antes das campanhas de César. A crença de que haveria druidas em todos os territórios celtas pode ser uma generalização. Mesmo para o caso da Gália devemos ter cautela, pois César relata a existência deles em toda essa região[32], entretanto, isso poderia ser uma generalização. É difícil afirmar se esse grupo estaria entre os aquitanos (que viviam entre os Pirineus e o rio Garona).

---

31 J.-L. Brunaux, *Les Religions gauloises*, p. 41.
32 Op. cit., VI, 13.

Talvez, a existência deles fosse comum para os celtas (entre o Garona e o Sena) e os belgas (entre o Sena e o Reno)[33].

Em relação ao século I a.c., período que concerne aos relatos de César, podemos inferir que no centro e norte da Gália as concepções dos druidas já estavam bem estabelecidas. O general deve ter tido os primeiros contatos com esse grupo no sul da Gália, então sob a esfera romana. Entretanto, ainda que eles estivessem presentes em boa parte do território onde povos falantes de línguas celtas podem ser identificados, o seu sistema religioso seria uniforme? Os druidas, se presentes no sul da Gália, professariam as mesmas crenças daqueles no sul da Britânia? Tal interrogação se pauta principalmente porque se tratava de uma tradição oral. Talvez os gregos e romanos só tivessem uma noção mais segura dos druidas a partir do momento em que esse grupo se fortaleceu, fato que teria ocorrido no final da Idade do Ferro. Quanto à Britânia, eles estariam em atividade durante a conquista de Cláudio, em 43 d.C. Todavia, receberam um duro golpe com a derrota da rebelião de 60-61 d.C. É difícil afirmar com certeza se estariam presentes em toda a Grã-Bretanha.

As Assembleias no Território dos Carnutos

Somente nos relatos de César há referência a reunião dos druidas no território dos carnutos (Centro, França)[34]. Vale ressaltar que, para o autor, eles se reuniriam nas fronteiras dos carnutos, e não nas "florestas", como por vezes se diz.

Sobre o fato de os carnutos terem sido os instigadores da revolta de Vercingetorix e o papel dos druidas, Cunliffe diz:

33 J.-L. Brunaux, *Les Druides*, p. 278-279. O autor chama de "Gália druídica" a região sob influência dos druidas. Na verdade, são as Gálias Céltica e Bélgica. Ver J. Vendryes, *La Religion des celtes*, p. 67.
34 Op. cit., VI, 13.

César não dá as razões por que essa tribo teria sido o foco da revolta, mas sabemos em outro contexto que a assembleia anual dos druidas acontecia lá no que se considerava o centro da Gália. O lugar claramente tinha poder em legitimar as decisões pan-gaulesas. Tal reunião, possivelmente sob instigação druídica, deve ter providenciado o contexto para uma ação combinada. A rebelião começou com o assassinato dos mercadores romanos que estavam estabelecidos no principal ópido de Cenabum.[35]

Como César diz que a reunião dos druidas ocorria nas "fronteiras" dos carnutos, talvez se tratasse de um santuário limítrofe com o território de outros povos como os sênones, éduos e bituriges, talvez por meio de uma tradição de santuários nas fronteiras entre povos[36]. Encontramos em muitas obras sobre esse grupo a identificação desse local com a atual catedral da cidade de Chartres (Eure-et-Loire, França). Na verdade, é mais provável que o local fosse próximo ao rio Loire, nas proximidades de Orléans (Loiret, França). Provavelmente, a assembleia druídica em território carnuto atraísse os povos celtas de regiões da Gália como os celtas (Gália Céltica) e belgas (Gália Bélgica).

---

35 B. Cunliffe, *The Ancient Celts*, p. 244.
36 S. Fichtl, *Les Peoples gaulois*, p. 66-69. A hipótese dos santuários "federais", ou seja, situados nos limites entre certos povos devido a alianças. É o caso de Ribemont-sur-Ancre (Somme, França) e Mirebeau-sur--Béze (Côte-d'Or, França).

2. OS DRUIDAS E A SOCIEDADE CELTA

A atuação dos druidas deve ser observada para além de suas funções religiosas na sociedade celta, mas devemos também observar, por exemplo, sua influência política. Os textos clássicos relatam sobre eles no final da Idade do Ferro, então devemos pensá-los presentes nos ópidos. A influência política nesse contexto teria sido relevante nos processos que envolveram elementos de origem mediterrânica.

Religião

Quando se pensa nos druidas, é quase certo que sejam identificados como sacerdotes pela grande maioria das pessoas. Uma das questões nos estudos sobre o grupo reside na crença de que suas funções se limitavam ao campo religioso, em outras palavras, há quase um consenso sobre terem atuado como sacerdotes. Não se trata de um equívoco, mas de uma simplificação e não corresponde ao único papel que efetivamente ocupavam na sociedade celta. Uma das passagens mais conhecidas provém de César[1] relatando que eles se ocupavam das coisas religiosas, presidiam os sacrifícios públicos e privados, enfim sua atuação seria fortemente marcada por questões de ordem religiosa. Então, eles deviam ser solicitados sobre todos os assuntos relativos aos rituais e ao sistema de crenças que elaboraram. Certamente, estavam presentes na administração dos santuários. Na esfera religiosa, a função de teólogos também devia ser relevante, uma vez que César relata que eles se preocupavam em discorrer acerca das divindades. Então, deviam conjecturar sobre a natureza das divindades e sua relação com o mundo.

Dessa forma, a religião era o campo mais natural de atuação desse grupo, mas não deve ser visto isolado. Na verdade, a religião atravessava todas as funções dos druidas na sociedade celta.

A Influência Política dos Druidas

Uma evolução nas práticas dos druidas teria ocorrido desde o surgimento desse grupo. Além do campo religioso, parece que passaram a se ocupar das questões políticas entre os povos da Gália[2]. Isso teria se dado com o aval da religião. O surgimento de preocupações de ordem política teria se dado sobre questões como eleição dos grandes chefes, limitação dos poderes deles, controle das assembleias etc.[3] Brunaux discorre acerca da influência política dos druidas:

> O aspecto provavelmente o mais notável do druidismo, que o distingue das religiões antigas, é o engajamento dos seus representantes na vida social e política. Na Grécia e em Roma, o

1 *A Guerra das Gálias*, VI, 13-14. Ver M. Aldhouse-Green, *Caesar's Druids*, p. 11. Para a autora, César descreve funções essenciais de sacerdotes.
2 J.-L. Brunaux, *Les Religions gauloises*, p. 44, 46, 52-53; Idem, *Guerre et religion en Gaule*, p. 129-162; Idem, *Les Druides*, p. 270-273.
3 Idem, *Les Gaulois*, p. 112-113.

exercício do poder é claramente separado da prática religiosa, mesmo se certos sacerdócios são reservados aos magistrados. As duas atividades permaneceram autônomas, a religião conservou piedosamente seus arcaísmos como para melhor favorecer a *emancipação* do político. Os druidas, ao contrário, não se situam nem em um campo, nem em outro, mas sobre os dois. Eles validavam as cerimônias religiosas e regulamentavam o acesso dos cidadãos. Ao mesmo tempo, eles detinham o monopólio da educação daqueles que eram chamados para obter o poder político e ditavam o direito, onde a justiça habitual é falha.[4]

Assim, a partir do século II a.c., entre certos povos, os druidas não eram sacerdotes separados da sociedade civil, mas também filósofos religiosos, e buscavam a carreira política, como Diviciaco[5]. Acredito que nem todos os povos celtas que acatavam a autoridade dos druidas em assuntos religiosos viviam a mesma situação. O acesso mais notável às prerrogativas políticas – como veremos em relação a Diviciaco – deve ter ocorrido particularmente entre os povos da Gália centro-oriental, devido a possível formação de um Estado[6] entre os éduos, arvernos e outros. Assim, os druidas da Britânia talvez detivessem uma influência política menos acentuada. Então, podemos inferir que foram aqueles da região centro-oriental da Gália que inspiraram os relatos de Posidônio e César:

> Mas o que nós sabemos é que nas grandes regiões da Gália, nos séculos IV e III antes da nossa era, cultos de todo tipo dispersavam-se pelo campo, tornaram-se autêntica religião, no sentido latino do termo, ou seja, um conjunto coerente. Nós sabemos também que o estabelecimento disso não foi o objetivo último a que os druidas se dedicaram. A religião era um meio para alcançar outros fins, tornar os homens melhores e dotar a sociedade de um funcionamento harmonioso. Ela não era que um meio entre outros. Da mesma maneira, eles fizeram da justiça e da educação

---

4 Idem, *Les Druides*, p. 186.
5 Idem, *Les Religions gauloises*, p. 52-53.
6 Sobre formação de Estado entre celtas na Gália ver: P. Brun; P. Ruby, *L'Âge du fer em France*, p. 133-150.

(da juventude aristocrática, diga-se) verdadeiras instituições políticas. Mas, na verdade, é o exercício do poder que eles queriam transformar instituindo autênticas regras políticas. Eles só conseguiram entre alguns povos no fim do século II a.c., no momento mesmo em que, sob pressão comercial, cultural e depois militar, a civilização gaulesa oscilaria para a órbita romana.[7]

Creio que tenha sido um processo interno e que envolveu elementos de origem externa como o vinho e a moeda. A importação do vinho italiano fortaleceu os contatos com Roma e deve ter incrementado a influência política dos druidas. Uma vez que lograram adquirir mais prerrogativas de cunho político, eles exerceram essa influência particularmente por intermédio de três atividades de cunho religioso: o sacrifício, a adivinhação e a astronomia. Acredito que a prerrogativa sobre o ministério dos sacrifícios dava a eles o domínio sobre monopólio da manutenção da ordem cósmica. Já a adivinhação permitia que tal ministério tivesse legitimidade, uma vez que tal habilidade devia ser utilizada também para a eleição dos grandes chefes. A astronomia, por sua vez, seria o conhecimento essencial para manter a interpretação sobre o tempo e os astros e, assim, determinar o momento propício para determinadas ações da sociedade. Assim, os druidas podiam exercer a sua influência no cotidiano e nos rituais célticos.

A Presença dos Druidas nos Ópidos Celtas

O druidismo teria florescido no seio de sociedades centralizadas e hierarquizadas[8]. Assim, como já havia colocado, considero o período dos ópidos como o principal momento da atuação dos druidas, já que de acordo com as fontes é o período em que se reconheceu a atuação desse grupo na

---

7   J.-L. Brunaux, Religion et sanctuaires, em C. Goudineu (ed.), *Religion et société en Gaule*, p. 97.
8   M. Aldhouse-Green, *Caesar's Druids*, p. 39-40.

sociedade celta, em particular na Gália temperada (não mediterrânica) no final da Idade do Ferro.

Mas o que eram os ópidos? O surgimento dessas fortalezas ou cidadelas, ou ainda aglomerações fortificadas (aqui se trata dos ópidos da Europa temperada), até então está parcialmente envolta em dúvidas. Vale ressaltar que as muralhas deles eram construídas com pedra e terra, e o "esqueleto" era formado com toras de madeira.

Ao que tudo indica, esses assentamentos surgiram entre os celtas danubianos, talvez no território dos boios (Boêmia, República Tcheca). O ópido de Zavist, situado nessa região, estaria entre os mais antigos[9]. As primeiras muralhas datariam do segundo quartel do século II a.C. Talvez estejam associadas ao retorno dos boios do norte da Itália, em torno de 190 a.C., rechaçados pelo avanço dos romanos. Devido ao mercenariato (guerreiros celtas a serviço de reinos helenísticos), os celtas já tinham contato com as muralhas no mundo mediterrâneo e possivelmente se inspiraram nelas, mas o seu desenvolvimento foi um fenômeno original. A partir da região danubiana, a ideia de construir fortalezas desse tipo espalhou-se para as regiões a oeste do Reno, a Gália, nos séculos II e I a.C. No século I a.C, surgem os primeiros ópidos no sudoeste da Britânia[10].

Os ópidos[11] celtas foram um fenômeno original de urbanização. Esses sítios teriam representado o retorno de uma antiga tradição das fortalezas em locais elevados, em conjunto com as novas atividades econômicas. Entre as características desses sítios estava o retorno a uma tradição religiosa, e eles funcionavam, assim, mais como um monumento de prestígio do que uma fortificação eficaz. Alguns ópidos[12] eram cidades

9   S. Fichtl, *La Ville celtique*, p. 28-29.
10 B. Cunliffe, *Iron Age Britain*, p. 63-66.
11 O. Buchsenschutz, Les *Oppida* celtiques, em V. Guichard; S. Sievers; O.H. Urban (orgs.), *Les Processus d'urbanisation à l'âge du Fer*, p. 62-63.
12 G. Kaenel, Agglomérations et *oppida* de la fin de l'âge du Fer, em C. Haselgrove, (org.), *Celtes et Gaulois l'archéologie face à l'Histoire*, p. 32-33.

celtas que, entre outras construções, tinham: espaços delimitados com fortificações e portas monumentais, loteamentos de residências, santuários e espaços com vocação cultual, e espaços públicos; estes eram, provavelmente, destinados a festas religiosas, assembleias políticas e feiras sazonais[13].

Em muitos casos, os santuários situados em aglomerações abertas estariam na origem das aglomerações fortificadas, os ópidos[14]. Assim, inferimos que, uma vez organizados ao redor desses santuários, no final da Idade do Ferro, os druidas puderam atrair a população para o projeto de construção e manutenção dessas fortalezas – notadamente das muralhas –, erguidas para delimitar uma vasta área próxima aos recintos sagrados. Esse grupo adquiriu uma grande gama de saberes, inclusive astronômicos e filosóficos, fato que propiciou controle sobre a política e maior influência sobre a população. Então, o fenômeno dos ópidos seria o coroamento desse poder.

Assim, sua construção e manutenção permitiu aos druidas uma influência mais eficaz sobre todo o corpo da sociedade. A construção de muralhas com notáveis dimensões arregimentou uma grande quantidade de força humana: ferreiros para forjar os pregos que fixavam as toras de madeira componentes das muralhas; trabalhadores que retiravam as pedras das pedreiras e as "esculpiam" na forma adequada para as muralhas; mão de obra para derrubar as árvores nas florestas e cortá-las no comprimento e diâmetro adequado para que compusessem o "esqueleto" das muralhas, e também das construções no interior das fortalezas. Além disso, alimentar tal massa humana em atividade e fornecer toda a logística

---

13 J. Metzler; P. Méniel; C. Gaeng, *Oppida* et espaces publics, em C. Haselgrove (org.), op. cit., p. 215-218, 221-222.
14 S. Fichtl; J. Metler; S. Sievers, Le Rôle des sanctuaires dans le processus d'urbanisation, em V. Guichard; S. Sievers; O.H. Urban (orgs.), *Le Processus d'urbanisation à l'âge du Fer*, p. 179-188. S. Fichtl, op. cit., p. 152-158. Ver P. Brun; P. Ruby, *L'Âge du Fer en France*, p. 139, 141.

para a execução das obras demandava uma organização que, na verdade, não era o ideal que os autores clássicos tinham acerca dos celtas.

Como em muitos casos, santuários precederam os ópidos; então os druidas teriam aproveitado a devoção da população para a construção de muralhas monumentais? Os ópidos também teriam permitido o reforço de um senso de comunidade[15]. Creio que essa situação se desenrolou também sob a égide de alguma grande divindade celta. Devemos lembrar que César relata que o "Mercúrio gaulês" era, entre outras coisas, o criador de todas as artes[16]. O general não diz que "artes" seriam; contudo, deve ter entendido que a divindade havia criado todas as habilidades humanas. Podemos inferir que tal divindade seria o deus Lugus, uma "versão" gaulesa e mesmo precursora da divindade irlandesa Lugh. Dessa maneira, podemos perceber que inúmeros ofícios foram requisitados para a construção e manutenção dos ópidos, da mesma forma que para a construção das aldeias, mas agora numa dimensão jamais vista. Então, a divindade criadora de todas as artes poderia estar apoiando a concepção dessas fortalezas.

O elemento mais importante desse fenômeno teria sido uma forte ideologia religiosa para legitimar tais empresas. Os druidas sacralizaram esses assentamentos e inseriram a existência dessas obras na ordem cósmica. Isso explicaria, em parte, porque os ópidos estavam situados em locais elevados ou adjacentes aos meios aquáticos. O motivo defensivo ou estratégico seria uma demanda secundária. A fundação dessas fortalezas também demandava os conhecimentos dos druidas. Assim, a escolha dos locais e a consagração das fundações e muralhas deviam ser acompanhadas também do conhecimento acerca de sacrifícios, adivinhação e astronomia.

---

15 P.S. Wells; *Beyond Celts, Germans and Scythians*, p. 84-102, 113-114. O autor aborda o papel dos ópidos na identidade das comunidades no final da Idade do Ferro.
16 Op. cit, VI, 17.

A Clientela

Segundo César, como vimos, os ambactos – guerreiros ligados aos chefes – seriam o elemento indicativo de maior prestígio da aristocracia guerreira. Nas palavras de César: "[…] de acordo com a importância de cada um em nascimento e recursos, então será o número de ambactos e dependentes que tem em torno de si. É a mais importante forma de influência e poder conhecidos por eles"[17].

Segundo Tacla, sobre o prestígio:

> Podemos dizer que um ponto pacífico entre os pesquisadores é que as sociedades chamadas celtas, quer na proto-história, quer no medievo, eram fundamentadas no prestígio, que se compunha tanto do *status* hereditário de cada grupo de parentesco quanto da honra, valor e *status* adquiridos individualmente[18].

Devemos notar a relevância que os povos celtas davam à clientela, como aquela agregada aos chefes, um elemento privilegiado de prestígio social. As guerras deviam ser momentos em que os clientes mostravam sua fidelidade aos aristocratas.

Caberia aos druidas a sacralização dessas relações, além de impor obrigações e regras de retribuições entre os chefes e os seus clientes (soldúrios e ambactos). Se tal regularização não ocorresse, um dos pilares da sociedade celta, ou seja, a relação entre a nobreza e a clientela, poderia ruir. O surgimento dos ópidos poder ter incrementado mais ainda essas relações, pois os assentamentos demandariam uma força guerreira constante para a sua proteção e para o sítio de outras fortalezas, bem como uma mão de obra para a sua edificação e manutenção.

---

17 Idem. VI, 15.
18 A.B. Tacla, Adeus às Chefias? Considerações Sobre Poder e Complexidade na Idade do Ferro da Europa Centro-Ocidental, em *Livro de Atas*, p. 100.

Os Druidas e o Comércio

A relação entre os druidas e o comércio, que muitos povos celtas mantinham com Massalia e posteriormente com Roma, é um tema pouco abordado. Na verdade, trata-se de um clichê moderno, pois é uma idealização crer que esse grupo não se envolvia com as transações comerciais. Devemos ter em conta que eles também tinham interesses econômicos e poderiam tentar beneficiar seus povos e suas famílias de origem. Além disso, o comércio do vinho na Gália dirigia-se em boa parte para objetivos religiosos. A ida de Diviciaco a Roma pode ter tido, em parte, motivações comerciais.

Assim, as disputas entre os éduos e os sequanos, que estiveram em guerra durante alguns anos, podem sugerir os interesses comerciais dos druidas. Esses povos disputavam a supremacia pelo controle sobre a bacia do Rio Saône, que servia de fronteira e importante via de comunicação entre os seus territórios[19]. Pode-se pensar que questões comerciais estariam em relevo. Logo, as disputas territoriais entre esses dois povos envolviam questões comerciais, provavelmente sobre o fluxo do vinho pelo rio. Os druidas estariam à frente desses interesses e deviam mediar tais contendas que envolviam fronteiras.

O Festim e o Vinho

O festim era um elemento de suma importância para a sociedade celta e, por isso, deve ser citado. Os autores clássicos[20], inspirados em Posidônio, retrataram o festim celta como um evento de bárbaros, com bebedeiras turbulentas, além de

---

19 S. Fichtl, *Les Peoples gaulois*, p. 22-23.
20 S. Diodorus, *Library of History*, v, 28; Athenaeus, *The Deipnosophistae*, IV, 36; IV, 40, apud J.T. Koch; J. Carey (ed.), *The Celtic Heroic Age*. Ateneu relata sobre o sentido da circulação da bebida no festim ser da esquerda para a direita.

combates para ter acesso às melhores porções, como a coxa, provavelmente de porco. É possível que em seu relato Posidônio tenha descaracterizado o festim dos celtas ao dar a essa manifestação um contexto profano. Ele afirma que um dos sentidos de circulação do que era servido no festim dava-se da esquerda para a direita e era o sentido também de adoração das divindades, mas não considera o caráter religioso do festim.

O festim talvez fosse o evento social mais significativo para os povos celtas e que acompanhavam quase todos os eventos da sociedade:

> Nossas melhores fontes literárias evocam esses grandes festins, cuja existência foi bastante confirmada após alguns anos pelas escavações arqueológicas. Os festins eram numerosos e concernentes a uma grande parte da população. Os gauleses eram, com efeito, comensais apaixonados; para eles os repastos coletivos representavam a principal atividade social, eram também a mais honorífica. […] *Os festins acompanhavam todos os momentos da vida social*, e eram, após o sacrifício, o momento mais importante das festas religiosas. Eles concluíam as assembleias políticas e reuniões judiciárias.[21]

O festim estava onipresente na vida dos povos celtas no final da Idade do Ferro. Segundo Poux e Feugère[22], na Gália pré-romana, muitos sítios revelam que ânforas (tipo de jarro) de vinho foram intencionalmente quebradas e inseridas em fossos e poços. O consumo de vinho gozava de um papel de mediação ou revelação social, comportando uma dimensão religiosa. A bebida torna-se intimamente ligada ao prestígio social e ao festim e um traço de união com as classes imediatamente inferiores. Para os autores, a importação é realizada independentemente da ideologia da região de origem. Dessa forma, não se trata da importação de um

---

21 J.-L. Brunaux, *Les Gaulois,* p. 245-246. Grifado no original.
22 Le Festin, em V. Guichard; F. Perrin (eds.), *L'Aristocratie celte à la fin de l'âge du Fer*, p. 214-218.

costume de inspiração greco-romana, mas com raízes nas antigas tradições celtas.

A grande quantidade de ânforas de vinho que seguiam do mundo romano para muitos ópidos, em particular os do centro-leste da Gália, a partir de meados do século II a.C., revela a interação entre ambos. Para Aldhouse-Green[23], a grande quantidade de ânforas em ópidos como Bibracte e Corent não se explicam somente pelo consumo cotidiano, mas em cerimônias de transe alcoólico.

Uma questão relevante no que tange ao festim celta na Gália, no final da Idade do Ferro, diz respeito ao tratamento das ânforas vinárias. Em certos sítios, como Corent e Lyon, entre outros, alguns desses recipientes tem o seu conteúdo vertido para o solo mediante um golpe de espada próximo do gargalo. Sugere-se que devido à forma das ânforas, que aparentam a silhueta humana, tal procedimento poderia evocar o sacrifício humano e o vinho corresponderia ao sangue humano[24]. Talvez houvesse a participação dos druidas[25].

Assim, o comércio do vinho com Roma teria sido canalizado majoritariamente para rituais, e creio que os druidas estariam no âmago desse fenômeno. A intensificação da importação da bebida e o controle sobre a dinâmica dos rituais possibilitou-lhes maior influência sobre a sociedade celta.

A Moeda

Há indicações de que tanto santuários como ópidos, e outras localidades, poderiam ser centros emissores de moedas.

---

[23] M. Aldhouse-Green; S. Aldhouse-Green, *The Quest of the Shaman*, p. 122-124, 141-142; M. Aldhouse-Green, *Caesar's Druids*, p. 39-40.
[24] M. Aldhouse-Green, *Dying for the Gods*, p. 139-140; M. Aldhouse-Green, *Caesar's Druids*, p. 167-168; M. Poux, Religion et société, em C. Goudineau, *Religion et société en Gaule*, p. 124-125.
[25] M. Aldhouse-Green, *Caesar's Druids*, p, 167-168.

As investigações arqueológicas realizadas no santuário do ópido de Corent revelaram que muitas moedas ali encontradas foram cunhadas no próprio local do santuário[26]. As imagens encontradas nas moedas celtas certamente ostentam um conteúdo religioso e político, o que leva a crer na participação dos druidas nas cunhagens. Assim, eles poderiam ter influência sobre os temas estampados nas moedas[27].

Esse uso religioso e político da moeda também teria se dado na representação das imagens de aristocratas. Representá-los em moedas já era uma prática nos reinos helenísticos. Os celtas da Gália também utilizaram a moeda para a propaganda dos seus chefes. A escolha dessas imagens – talvez de alguns druidas – devia ser um motivo de competição. O numerário era utilizado, entre outras coisas, para pagar os clientes (ambactos) que juravam fidelidade aos grandes chefes. A imagem e/ou o nome do aristocrata era uma forma eficaz de divulgar o seu nome e aumentar o seu prestígio. É necessário ressaltar que a esmagadora maioria (se não a totalidade) da população, mesmo entre a elite, não sabia ler os caracteres gregos ou latinos com os quais os nomes próprios gauleses eram escritos no numerário. Entretanto, não é necessário saber ler uma língua para reconhecer a imagem de um vocábulo[28]. Também é relevante que, no final do Período Lateniano, o numerário tenha sido depositado em locais sagrados. Os druidas lograram assegurar a gestão da cunhagem de moedas.

---

[26] M. Poux, Religion et société, em C. Goudineau, *Religion et société en Gaule*, p. 125-127. O autor refere-se a essas moedas cunhadas no santuário como "moedas de santuário", e a sua circulação não ultrapassam a esfera do recinto religioso.

[27] M. Aldhouse-Green; S. Aldhouse-Green, *The Quest of the Shaman*, p. 142; M. Aldhouse-Green, *Caesar's Druids*, p. 54-55. Sugere o controle e fiscalização por parte de administradores e religiosos.

[28] J. Creighton, *Coins Power in the Late Iron Age Britain*, p. 167 e 169. As inscrições seriam reconhecidas como signos e não como palavras.

Então, creio que os druidas mediavam os interesses dos grandes chefes ao colocar os seus nomes e suas imagens nas emissões. Isso pode ter induzido o monopólio de algumas famílias sobre a cunhagem de certas séries monetárias, com o aval dos druidas. As moedas, além do seu uso tradicional, caracterizaram uma nova forma de divulgar concepções religiosas, permitindo que estas chegassem à população de forma mais rápida e padronizada.

3. AS FUNÇÕES

Os druidas ocupavam uma gama de funções. Provavelmente, utilizavam os seus conhecimentos para atender as demandas da comunidade, o que os tornava atuantes e os permitia transitar por todos os campos da sociedade. Além das fontes clássicas, observações acerca da cultura material podem fornecer evidências sobre suas funções em campos como a adivinhação, a astronomia, entre outros. É possível que esses campos potencializassem a influência religiosa e política dos druidas.

O Druida Diviciaco e as Funções dos Druidas

Diviciaco (em gaulês, o vingador[1]) é o único druida histórico cujo nome ficou registrado. Sabemos que ele foi um druida graças a Cícero, cujo irmão, Quinto Túlio Cícero, recebeu esse homem como hóspede em Roma, talvez em 61 a.C. Ele havia se

---

1 X. Delamarre, *Dictionnaire de la langue gauloise*, p. 145.

dirigido até lá em busca do apoio dos romanos contra os povos germânicos, que estariam atravessando o Reno e ocupando o território dos sequanos. César descreve Diviciaco como um aristocrata éduo com grande influência na Gália, mesmo para além da esfera do seu povo, exercendo a função de embaixador e, em certa ocasião, de líder do exército dos éduos[2]. Tal fato pode parecer estranho já que o próprio general relata que esse grupo estava isento de ir às guerras. Entretanto, vale lembrar que uma guerra não se resume aos combates, as escaramuças. A concepção da guerra para os povos celtas devia incluir procedimentos rituais. Cremos que, antes dos combates, os druidas deviam evocar a proteção das divindades, e após o vencedor estar definido, o derrotado devia fornecer reféns àquele, prática que César utilizou a seu favor durante as suas campanhas. O envio de embaixadas devia ser uma prática comum e regulada por códigos religiosos e de guerra, cuja forma não chegou até nós. Assim, a presença deles nas guerras era óbvia por estar em consonância com as suas funções.

As atitudes de Diviciaco, portanto, estavam de acordo com as funções de um druida. Ele dirigiu-se a Roma como embaixador do seu povo para negociar a ajuda dos romanos contra os germanos e provavelmente para negociar o comércio do vinho, já que Cícero também poderia ter interesses nesse assunto. Aqui, pode parecer atípico que druidas tivessem interesse em comércio, mas vale ressaltar, como já vimos, que as importações de vinho romano para a Gália, e particularmente para os povos do centro-leste da Gália, não eram negligenciáveis e tinham em parte destino nas atividades religiosas. As atividades de embaixador deviam se articular com sua influência política. Segundo Brunaux:

---

[2] *A Guerra das Gálias*, I, 3, 16, 18, 19, 20, 31, 32, 41; II, 5, 10, 14, 15; VI, 12; VII, 3. (Passagens sobre Diviciaco.) Ver também F. Perrin, Diviciacos, um druide, em V. Guichard; F. Perrin (eds.), *L'Archéologue*, n. 2, p. 42-43. Para o autor, Diviciaco deve ter nascido em torno de 100 a.C.

Muitos dos seus representantes, pelo menos nas regiões onde o comércio com Roma se desenvolveu, se lançaram nas carreiras políticas, e mesmo comerciais. O éduo Diviciaco dá o melhor exemplo: ele se distingue mais por suas qualidades de homem político, e mesmo de estrategista em torno de César, do que por sua função de druida que ele proclama para Cícero, mas que se poderia duvidar da legitimidade.[3]

Os testemunhos dos romanos Cícero e César são importantes:

O testemunho desses é entretanto capital porque ele marcará duravelmente toda a tradição que se ligou à imagem dos druidas, mas também porque esses dois autores são os únicos que foram contemporâneos de autênticos druidas, os quais eles conheceram intimamente ao menos um entre eles, Diviciaco.[4]

Assim, Diviciaco seria um autêntico druida. Ele exerce a função de intermediário junto ao general romano em relação aos seus congêneres e mesmo entre outros povos. No início dos contatos entre os dois, o druida intercede em favor do seu irmão mais novo Dumnorix, que estava boicotando o fornecimento de trigo para as legiões romanas. Ele também interveio em favor dos sequanos que estavam sendo oprimidos pelos germanos. A mando de César, comandou o exército éduo contra os belovacos, que eram aliados dos éduos, mas depois intercede em favor deste povo da Gália Bélgica. Diviciaco também solicita que César dê prestígio a um personagem éduo chamado Eporedorix. Dessa forma, a primeira vista, Diviciaco age como um porta-voz, homem político ou embaixador dos celtas e mesmo além dos limites

---

[3] Religion et sanctuaires, em C. Goudineau (ed.), *Religion et société en Gaule*, p. 98; J.-L. Brunaux, *Les Druides*, p. 307. O autor sugere que Diviciaco foi o maior homem político que os éduos teriam conhecido no século I a.C.

[4] J.-L. Brunaux, *Les Druides*, p. 35-36. O autor se refere aos únicos autores romanos que conheceram druidas autênticos.

do seu povo, para interceder em favor dos sequanos, belovacos etc. Com alguma intenção, César omitiu que ele fosse um druida, provavelmente por motivos premeditados. Contudo, o que ele narra do aristocrata éduo condiz com algumas das principais funções dos druidas, tais como a intervenção nas contestações públicas, em que os povos tinham de aceitar os seus veredictos. Assim, o perfil que César traça de Diviciaco é aproximadamente o de um político e embaixador.

A forma como Cícero o descreve, dotado do conhecimento das ciências da natureza – a que os gregos chamam fisiologia – e da adivinhação, é notavelmente próxima daquela evocada em *La Razzia des vaches de Cooley*, da literatura irlandesa, a propósito da solicitação da rainha Medb em relação ao seu druida. Ela pede por saber e predição no início da expedição contra o reino de Ulster[5] (Irlanda do Norte e parte da República da Irlanda). É possível que os druidas se apresentassem proclamando que tinham conhecimento – no caso de Diviciaco, saber sobre a natureza – e predição ou adivinhação. Assim, eles proclamavam deter o conhecimento sobre o mundo natural e sobre a adivinhação do futuro. A descrição de Dio Chrisóstomo (40-112 d.C.)[6] parece se adequar à de Diviciaco, pois o autor relata, em torno de 100 d.C., que os druidas tivessem atribuições de adivinhação e conhecimentos, além de influência política. Os interesses de Diviciaco em sua viagem a Roma também estariam na esfera econômica. Ele poderia ter negociado com o orador romano acerca do comércio do vinho, uma vez que Cícero teria relações com a família *Sestii*, que fornecia vinho para os aristocratas celtas da Gália[7], particularmente os éduos.

Vale ressaltar que tanto César como Cícero citam a preocupação desse grupo com a natureza das coisas. Provavelmente, os romanos devem ter ficado admirados que bárbaros ocupassem o

---

5   C.-J. Guyonvarc'H (trad.), p. 61-62.
6   *Discursos, 49.*
7   J.-L. Brunaux, *Les Druides*, p. 305-306.

seu tempo com tal tipo de reflexão, que costumava ser atribuída aos filósofos. Outra questão importante é que ambos os autores tinham atribuições de ordem religiosa, aquele era Sumo pontífice, enquanto esse fazia parte do colégio de augures. Os dois aristocratas romanos detinham funções políticas e pertenciam à ordem dos senadores. Assim, talvez, os autores tivessem visto nos druidas funções político-religiosas, *grosso modo*, correlatas àquelas dos senadores romanos.

Diviciaco posicionou-se como um homem com conhecimento e prestígio para servir de intermediário entre César e os celtas da Gália. Obviamente, ele também visava os interesses do seu povo. César, por seu lado, viu nesse homem um interlocutor com prestígio suficiente para intervir perante os grandes chefes e os outros druidas. A partir de certo ponto dos comentários de César, após o autor ter articulado a morte de Dumnorix, Diviciaco só é citado em referência ao passado. Possivelmente, por se opor ao rumo que os acontecimentos haviam tomado.

Dessa forma, estamos diante de um druida típico. Para Aldhouse-Green, as funções de Diviciaco estavam de acordo com os relatos de César acerca dos druidas, particularmente em suas atividades como negociador junto a outros povos e o seu próprio:

> Realmente, ele atuou como arbitro não apenas pelo seu povo, mas também em favor dos belovacos. Diviciaco, então, preenche uma das mais importantes funções dos druidas identificadas por César no *Bello Gallico* Livro 6, ou seja, aquela de juiz em disputas entre comunidades. Então, enquanto César nunca o chama diretamente de druida, seu testemunho indireto concorda com a identificação de Cícero sobre Diviciaco como um entre eles.[8]

Contudo, apesar de Diviciaco ter ido a Roma e ter estado próximo a César durante o início de suas campanhas, ele não

---

[8] *Caesar's Druids*, p. 96.

falava latim. Tal informação aparentemente pode parecer irrelevante, mas é valiosa. Segundo o general, a interlocução com ele se dava com a mediação de intérpretes que falavam gaulês[9]. Esse fato dá pistas de que apesar do comércio com Roma e do contato com mercadores romanos, os aristocratas celtas das regiões não conquistadas não estariam adotando o latim, como poderia se supor, pelo menos até o período das campanhas de César.

Obviamente, o general romano teria de se dirigir ao grupo dominante durante as suas campanhas. As prerrogativas políticas dos druidas, que busquei apontar, articuladas com a atividade religiosa, esclarecem o papel de Diviciaco. Antes da conquista romana, muitos druidas mantinham relações com os comerciantes romanos, visando os interesses da sua própria comunidade.

O esquema abaixo mostra o papel de Diviciaco diretamente ou indiretamente relatado por César e Cícero.

CÉSAR. GUERRA DAS GÁLIAS. I, 3, 16, 18, 19, 20, 31, 32, 41; II, 5, 10, 14, 15; VI, 12; VII, 39	CÍCERO. SOBRE A ADIVINHAÇÃO. I, 41, 90
Intermediário/embaixador	Embaixador
	Ciências da natureza
	Adivinhação
Comando militar	
Representante dos povos celtas	

A função de intermediário ou embaixador é comum nos dois autores, possivelmente porque era a atividade mais evidente na visão dos dois.

---

9   César, op cit, I, 19. César utilizou interpretes para se comunicar com Diviciaco, entre eles, Caio Valério Troucilo (ou Procilo), um aristocrata hélvio (Ardeche, França) da Gália Narbonense.

As Autoridades Político-Religiosas

Para alguns autores modernos, nenhum autor clássico utilizou o termo "sacerdote" para se referir diretamente aos druidas[10]. Na verdade, há duas citações indiretas nas quais podemos articular com a função de sacerdotes: uma é a de César[11], ao relatar que os sacerdotes elegiam o vergobreto dos éduos e outra é a de Plínio, o Velho[12], relatando que um sacerdote (provavelmente referindo-se a um druida) subia no carvalho para colher o visco. Obviamente, quando César refere-se a eles como responsáveis pela religião, como vimos, o termo sacerdote parece evidente. Alguns autores indiretamente relacionam esse grupo com funções sacerdotais. O poeta Lucano (39-65 d.C.)[13] relata sua presença em bosques que talvez fossem santuários, enquanto o geógrafo Pompônio Mela (? – 45 d.C.)[14] refere-se a rituais executados em altares. Tais informações confirmam que os druidas atuavam no campo religioso.

Uma das grandes questões que envolvem os estudos sobre esse grupo diz respeito às suas funções para além do cunho religioso. Vale ressaltar a cronologia dos eventos: em 61 ou 60 a.C., Diviciaco vai até Roma como embaixador. Em 46 a.C., Cícero, em *Brutus*[15], cita elogiosamente *A Guerra das Gálias*, e em 44 a.C., ele escreve *Sobre a Adivinhação*, em que cita suas considerações sobre esse aristocrata celta. Dessa forma, quando relata sobre Diviciaco, Cícero já havia lido os relatos de César e percebido os druidas como detentores de poder na Gália ou, o que é mais provável, teve contato com o relato do aristocrata éduo.

10 B. Cunliffe, *Druids*, p. 3; N. Chadwick, *The Druids*, p. 2.
11 Op. cit. VII, 33.
12 *História Natural*, XVI, 95, 249.
13 *Farsália*, I, 450-458.
14 *De situ orbis*, III, 2.
15 Sobre os comentários de Cícero, *Brutus*, 75, ver: C.H. Oldfather, Introduction, em J. Caesar, *The Gallic War*, p. XVI-XVII.

Aldhouse-Green entende que os druidas lograram exercer funções de cunho político articulado com o culto:

> Em Roma, religião cívica – quer dizer, a religião baseada nas cidades ou cidades-estados (*civitates*) – era organizada por grupos da elite, tal como o sacerdócio do estado romano, pelos seus próprios objetivos autoritários. Nós podemos imaginar que os druidas do final da Idade do Ferro na Gália e na Grã-Bretanha, também, operavam nos jovens estados emergentes nos quais estavam aptos em exercer uma combinação de poder religioso e material [...] Provavelmente, como em Roma, os centros urbanos galo-britânicos do final da Idade do Ferro devem ter construído uma religião cívica que estava embebida em um entramado sociopolítico de cada governo o qual ultrapassava outros cultos e rituais (embora devam ter gozado em papel local) [...] Era responsabilidade dos druidas orquestrar e manter a relação entre poder e culto.[16]

Creio que a articulação entre poder e culto permitiu que esse grupo detivesse o controle sobre a convocação e orientação das assembleias[17]. Estas provavelmente seriam acontecimentos em que as grandes discussões da sociedade celta eram apresentadas, certamente no contexto de grandes eventos, como festins e rituais. Uma vez detentores de exclusividade na comunicação com as divindades, os druidas detiveram o controle sobre as demandas da sociedade.

A Justiça

A aplicação da justiça pelos druidas não deve ser vista em separado das funções de ordem política e religiosa. Como intermediários entre os homens e as divindades, sua forma

---

16 *Caesar's Druids*, p. 58.
17 F.L. Olivieri, Os Espaços Públicos nos *Oppida* Celtas, na Gália do Final da Idade do Ferro, *Phoînix*, v. 16, p. 97-108.

de legislar teria caráter sagrado. Estrabão[18] afirmava que os druidas eram os mais justos dos homens. Isso pode significar que a fama desses homens devia se dar particularmente no campo do arbítrio das contendas. Sobre o papel no terreno da justiça:

> O texto de César descreve com rara precisão o poder que os druidas haviam obtido sobre o terreno da justiça. À exceção de uma parte do direito familial, que concernia as relações entre os membros da família, todos os outros domínios do direito eram de sua jurisdição, aquele do Estado como aquele do povo, aquele do mais humilde plebeu como do aristocrata. Se crermos em Posidônio, no início do século I a.C., a política devia se inclinar frente ao judiciário, um judiciário inteiramente nas mãos de uma mesma categoria de homens. Estes últimos possuíam, com efeito, uma arma terrível, um poder de coerção de rara eficácia: eles ameaçavam os culpados, indivíduos e grupos até mesmo Estados, de não serem mais admitidos nos grandes sacrifícios públicos e de não poder organizar cerimônias privadas.[19]

Dessa forma, a aplicação da justiça devia ser uma das funções mais relevantes desse grupo. O julgamento dos criminosos, por vezes condenados ao sacrifício humano, como afirma César[20], talvez nas assembleias públicas, seria um momento de grande prestígio para esses homens. Além disso, possivelmente a aplicação da justiça devia ocorrer em consonância com demandas de ordem política. O fato de poderem julgar todas as contendas permitiu que o seu poder político aumentasse. Dessa forma, as demandas das elites obrigatoriamente passavam por esses homens.

---

18 Estrabão, *Geografia*, IV, 4.
19 J.-L. Brunaux, *Les Druides,* p. 285.
20 Op. cit, VI, 16.

A Astronomia

As funções dos druidas no campo da astronomia não costumam ser comentadas pelos especialistas. César[21] relata que os druidas especulavam acerca dos astros. A elite celta na Gália dispunha de conhecimentos científicos de alto nível[22].

Os enfeites de bronze encontrados em um cântaro em Brno (Sul da Morávia, República Tcheca) e datados da primeira metade do século III a.C., possivelmente representam configurações astronômicas, ou seja, marcam uma posição do céu numa certa data. Os olhos das criaturas fantásticas retratadas nos enfeites do artefato correspondem a estrelas e a datas que se articulam com as festas da antiga Irlanda[23]. O artefato teria função cerimonial e seria um trabalho dos conhecimentos astronômicos dos druidas[24]

A descoberta de uma bacia monumental[25] para acúmulo de água em Bibracte é outro indício de conhecimentos astronômicos. Esta construção tem formato oblongo, com 10,48 m de comprimento e 3,65m de largura. Trata-se de uma bacia de granito rosa que está situada no centro do ópido de Bibracte, na via principal. Ao que parece foi edificada com a ajuda de artesãos do mundo mediterrânico. Ela pode ter substituído outra construção anterior com a mesma função cultual. Sua função estava associada à ascensão do Sol no solstício de inverno e seu declínio no solstício de verão. As dimensões dessa obra podem atestar unidades de medida célticas. A bacia é datada das fases mais recentes do sítio.

O calendário de Coligny (Ain, França), descoberto em 1897, no leste da França e datado atualmente no final do

21 Ibidem, VI, 14.
22 C. Goudineau; P. Verdier, Religion et science, em C. Goudineau (org.), *Religion et société en Gaule*, p. 49-51. Os autores abordam as questões ligadas à astronomia e o calendário de Coligny.
23 V. Kruta; D. Bertuzzi, *La Cruche celte de Brno*, p. 76-89.
24 Ibidem, p. 86.
25 S. Fichtl, *La Ville celtique*, p. 96-97.

século II d.C. é um artefato notável, cujas inscrições estão em gaulês redigido com caracteres latinos. Está dividido em doze meses, mais dois meses intercalares, aparentemente para articular o calendário lunar celta com o calendário solar romano. Apesar de tardio (a Gália estava sob a jurisdição romana há dois séculos), esse artefato costuma ser associado ao conhecimento dos druidas que ainda podiam estar em atividade na época. O primeiro mês do ano no calendário é chamado *Samonios* e costuma ser associado ao *Samhain*[26], primeiro mês da antiga Irlanda. Uma notação do décimo sétimo dia do mês de *Samonios* (TRINOX SAMONI SINDIV)[27] poderia corresponder aos três dias de *Samhain* na Irlanda, momento de abertura entre este e o outro mundo. É quase certo que o Halloween comemorado na noite de 31 de outubro seja um remanescente longínquo dessa festa, apesar de toda distorção e comercialização modernas.

Os comentários de Plínio, o Velho, dão conta que os druidas observavam as fases da lua para realizar certos rituais[28]. Certamente, eles utilizavam a posição dos astros, particularmente do Sol, para estabelecer festas, atos religiosos públicos, sacrifícios etc. Tal fato indica que os antigos celtas elaboraram um conhecimento acerca do movimento dos astros integrado a elementos religiosos. Esses conhecimentos eram prerrogativas dos druidas. Vale ressaltar que as observações astronômicas deviam ter uma íntima conexão com a cosmologia e a escatologia.

Normalmente minimizado, o saber astronômico deve ter sido um importante elemento da formação desse grupo. As elites dos povos da Idade do Ferro, e mesmo antes,

26 Sobre a ideia de que no *Samhaim* o limite entre os mundos torna-se tênue, ver J. Mackillop, *Dictionary of Celtic Mythology*, p. 377-378; F.L. Olivieri, Samonios/*Samain*, em F. de S. Lessa; R.M. da C. Bustamante (orgs.), *Memória & Festa*, p. 201-206.
27 Sobre calendário e tempo ver: P.-Y. Lambert, *La Langue gauloise*, p. 111-117; G. Bertin; P. Verdier; *Druides*, p. 95-100.
28 *História Natural*, XVI, cita a coleta do visco no carvalho, feita pelos druidas.

certamente se utilizavam do conhecimento do movimento dos astros para elaborar calendários. Esses conhecimentos astronômicos eram utilizados para estabelecer rituais, organizar festas, fazer conjecturas acerca das colheitas, supervisionar a construção de santuários, etc.

A Adivinhação

A adivinhação era uma prática comum entre os povos do mundo antigo e também para os celtas, sendo uma das principais prerrogativas dos druidas – não foi à toa que Cícero destacou essa atividade para descrever Diviciaco. Certos rituais deviam conter procedimentos divinatórios complexos e associados aos sacrifícios. Diodoro relata que adivinhos (membros do grupo druídico) previam o futuro por meio da observação dos pássaros ou de sacrifícios[29]. A observação do voo dos pássaros parece ter sido uma das práticas divinatórias mais correntes. Sabemos que a disseminação do visco (*Viscum album* – um parasita) nas árvores se dava por intermédio dos pássaros que espalhavam as sementes dessa planta. Tal fato devia dar um caráter mais sagrado à planta, uma vez que as aves deviam ser consideradas como enviadas pelas divindades.

Alguns artefatos encontrados poderiam ser associados à prática da adivinhação. Entre eles estão "dados" alongados feitos de ossos encontrados no sítio de La Grande Borne (Puy-de-Dôme, França) datados entre os séculos III ou II a.C. Esses objetos eram utilizados diferentemente daqueles do mundo mediterrâneo. Provavelmente, serviam para adivinhação associada à numerologia. Outros artefatos semelhantes foram encontrados no santuário ópido de Corent

---

29 S. Diodorus, v, 31; Cícero, *Sobre a Adivinhação*, I, xv, 26-27. Relata sobre o rei dos gálatas (celtas estabelecidos na Galácia, Turquia), Deiotaro, que observava o voo das águias.

(Puy-de-Dôme, França) e são datados do século I a.C.[30] Em Stanway (Essex, Inglaterra) foi encontrado um túmulo de incineração, chamado de "Tumba do Doutor" (devido aos objetos encontrados, que provavelmente serviam para uso cirúrgico) e datado em torno de 50 d.C. Nele, havia objetos como cerâmicas para serviço de mesa, tigelas, uma mesa de jogo e artefatos, que podem ser associados a um tipo de jogo modificado de protótipos italianos e utilizado para a adivinhação. Indícios de plantas alucinógenas também foram encontrados[31]. Seriam objetos utilizados pelos druidas em práticas divinatórias? É provável que sim.

A Magia

Como em outras culturas, os celtas também tinham os seus procedimentos de ordem mágica. Atividades de cunho mágico e divinatório deviam envolver boa parte das práticas dos druidas. No Calendário de Coligny são assinalados dias fastos (favoráveis) e nefastos (desfavoráveis).

Em 1983, em Larzac[32] (Aveyron, França), em uma tumba datada do final do século I d.C., foram encontradas placas de chumbo de um *defixio*[33] (Placas de chumbo com imprecações escritas contra uma pessoa ou um grupo), nas quais havia imprecações do que parece ser um grupo de feiticeiras contra outro grupo de mulheres. Apesar de pertencer ao período romano e utilizar uma prática mediterrânica, o *defixio*, o

---

[30] M. Poux, Religion et société, em C. Goudineau, *Religion et société en Gaule*, p. 127-129; J.-L. Brunaux, Être prêtre en Gaule, em V. Guichard; F. Perrin, (eds.). *L'Archéologue*, p. 26.
[31] M. Aldhouse-Green, *Caesar's Druids*, p. 100-101.
[32] P.-Y. Lambert, *La Langue gauloise*, p. 162-174; C.-J. Guyonvarc'h, *Magie, medicine et divination chez les Celtes*, p. 187-195.
[33] M.R. Cândido, Magia: Um Lugar de Poder, *Phoînix*, p.255-261. Sobre os *defixios* e a magia.

texto está escrito em gaulês. É possível que essas feiticeiras fossem herdeiras de uma tradição oriunda da Idade do Ferro.

Plínio, o Velho, relata sobre atividades mágicas com plantas como o *selago* e o *samolus* utilizados pelos druidas[34]. De acordo com estes, o *selago* seria usado contra todo tipo de mal e sua fumaça seria benéfica para os olhos. Já o *samolus* servia para tratar as moléstias do gado. O autor também relata sobre o "ovo da serpente", possivelmente o ouriço do mar após a decomposição dos tecidos moles, que também era usado para fins mágicos, como a proteção durante processos. O visco também devia ser reconhecido por supostas propriedades mágicas. Suas virtudes curativas deviam ser associadas a essas capacidades .

Obviamente, esse grupo não poderia supervisionar todas as atividades daqueles que desejassem lançar mão de práticas mágicas. Contudo, não devemos descartar que eles pretendiam ter exclusividade sobre os procedimentos que acompanhavam tais práticas. As fontes clássicas, como as de Plínio, fornecem um quadro descontextualizado e não sabemos, por exemplo, se as plantas citadas eram utilizadas em rituais específicos ou não.

A Medicina

Os celtas certamente se interessavam pela prática da medicina, uma vez que, além do tratamento de doenças, os feridos em combate necessitavam de assistência. Não há qualquer relato nas fontes clássicas acerca de druidas atuando como médicos. Contudo, Plínio, como já relatado, discorre sobre o interesse deles por plantas como a *selago* e o *samolus*, com supostas propriedades curativas associadas com a prática da magia. O visco (*Viscum album*) cultuado por eles tem

---

[34] *História Natural*, XXIV, XLI; e XXIX, XII, sobre o "ovo da serpente".

propriedades terapêuticas[35]. Assim, podemos dizer que as funções ligadas à medicina seriam de se esperar, para um grupo que se especializou em observar a natureza articulada à prerrogativa do contato com as divindades.

Na já citada "Tumba do Doutor" foram encontrados supostos instrumentos cirúrgicos e também foi detectada a presença de plantas alucinógenas. Dessa forma, pode haver indício de que o defunto teria algum prestígio como médico, no seio do seu povo. Ao que parece, podemos perceber algum tipo de ligação entre os conhecimentos cirúrgicos e a prática da adivinhação. Seria possível conceber que durante procedimentos cirúrgicos ocorressem práticas divinatórias?

É possível que certas formas de tratamento necessitassem da consulta das divindades. Devemos ter em conta que o gosto dos celtas pelas fontes ou reservatórios termais pode indicar uma relação entre a cura e o outro mundo.

A Transmissão Oral/Escrita

César relata que os druidas somente permitiam que a escrita fosse utilizada para fins não religiosos. Nesses casos, utilizavam o alfabeto grego[36]. Segundo o general, tratava-se de um impedimento para que os novos postulantes não negligenciassem os seus estudos devido à confiança na escrita e para que o saber druídico não chegasse à população. Algumas observações incorrem em equívocos e generalizações do general. Ele faz uma separação demasiadamente radical entre o que seria religioso e o não religioso. César também relata que placas de bronze com a lista de participantes da grande migração dos helvécios (oeste da Suíça) teriam sido encontradas. Contudo, ainda de acordo com o relato do general, tais inscrições teriam um contexto meramente de

---

35 J.-L. Brunaux, *Les Druides*, p. 262-263.
36 Op. cit, VI, 14.

recenseamento. Tal lista devia ser um documento com valor religioso, pois a migração teria um caráter sagrado[37].

O principal elemento de disseminação da escrita na Gália, e mais tarde na Britânia, no final da idade do Ferro, foi a moeda. Nessas regiões, nomes de aristocratas, fortalezas e de povos eram cunhados em algumas séries do numerário. E com certeza seria uma forma de a aristocracia se promover. Não sabemos se nomes de druidas estariam entre os aristocratas citados nos numerários. Uma vez que símbolos religiosos estavam associados às imagens humanas e aos nomes, então havia concepções religiosas nas representações das moedas celtas. É comum que os grandes guerreiros sejam representados com o seu armamento, o que seria uma forma de propaganda, já que a moeda tinha grande alcance[38]. Para Brunaux, a escrita atuaria sobre dois planos:

> O primeiro, e mais habitual, é aquele que demanda à escrita o meio de adquirir conhecimentos e de comunicar. O segundo, mais raro no nível do conjunto das sociedades humanas, utiliza a escrita como um formidável instrumento de poder. O gênio dos druidas conseguiu conciliar as duas vertentes, como os pitagóricos alguns séculos antes tinham tentado fazer. Mas então estes últimos, uma vez que eles tinham se desenvolvido em um mundo que já utilizava abundantemente a escrita, não tinham, sequer imperfeitamente, sido bem-sucedidos em tal empresa, na qual os druidas tinham alcançado ao seu real controle; um caso excepcional na história da humanidade.[39]

Assim, pode-se questionar a ideia de que a disseminação da escrita seria um fenômeno contrário aos druidas. Na verdade, a questão reside no uso da escrita. Cremos que o uso de alfabetos entre os celtas na Gália, Britânia e em outras regiões

---

37 Ibidem, I, 29.
38 P.S. Wells, *Image and Response in Early Europe*, p. 97-99, 131-133. O autor ressalta o alcance da disseminação da moeda.
39 J.-L. Brunaux, *Les Druides,* p. 264.

teria a participação deles. Os celtas do final da Idade do Ferro não absorveram a língua dos gregos ou romanos, mas utilizaram o alfabeto destes para escrever vocábulos em gaulês ou em britônico (língua celta, próxima do gaulês, falada na Britânia).

A introdução da escrita não implica que a oralidade desapareça, ao contrário, pode ocorrer uma interação. A escrita em combinação com as imagens representadas nas moedas evocariam a tradição oral. Contudo, deve ter ocorrido um impacto com a disseminação da escrita e das representações nas moedas. A moeda é um excelente veículo de disseminação de ideias, já que todos os grupos sociais podem ter acesso a ela (ainda que de forma desigual) e de forma rápida. Os elementos religiosos (temas da arte lateniana, alguns inspirados em temas mediterrânicos) disseminados nas moedas colaborariam para manter certa coerência nas crenças que os druidas estavam interessados em disseminar. Concepções que até então eram divulgadas oralmente, com o advento da moeda, puderam ser divulgadas via circulação do numerário. Além disso, a representação dos aristocratas devia necessitar do aval das autoridades druídicas, já que estas tinham domínio sobre muitos centros emissores, pois como vimos, eles também são encontrados associados a alguns santuários. A demanda por poder dos aristocratas baseava-se principalmente na quantidade de clientes que os seguiam. Então, a divulgação do nome e imagem dos patronos junto à clientela (ambactos) teria se tornado um modo de conquista dos clientes, cujos serviços eram pagos com essas moedas.

A Religião e a Arte

A associação entre os druidas e a arte é raramente avaliada. Contudo, tal articulação me parece inevitável. Se a arte celta exprimia uma forma de pensamento religioso, então, as autoridades druídicas teriam participado de sua elaboração.

Partindo do princípio de que os druídas tinha prerrogativas que abrangiam todos os aspectos da sociedade celta, pode-se supor que os cânones dessa arte fossem determinados ou inspirados por eles. Tal premissa torna-se ainda mais forte se levarmos em conta que seus temas têm conotação eminentemente religiosa[40]. Os objetos de arte celta apresentam temas que podem representar a concepção cosmológica do universo. Motivos artísticos, como a cabeça humana enquadrada na dupla folha do visco, podem representar uma divindade. Outros motivos ligados à concepções religiosas seriam a árvore cósmica, a tríscele, os "esses", a dupla folha do visco, entre outros.

No final da Idade do Ferro é possível perceber que temas de ordem religiosa ainda estavam presentes com frequência. A maior parte do repertório da arte do começo da segunda metade do séc. V a.C. (início do período Lateniano) está presente nas moedas celtas do séc. I a.C.[41] Creio que tal coerência, em que pese as diversidades locais, pode implicar a atuação de um grupo organizado que observe os cânones religiosos.

A arte celta exprimiria as concepções das divindades e da ordem cósmica[42]. A análise dos enfeites do cântaro de Brno, já citado, sugere que os druidas seriam atuantes na confecção de tais artefatos. A representação de concepções religiosas por meio de objetos artísticos visava, entre outras coisas, à disseminação da ideologia religiosa. As moedas que ostentam imagens de valor incontestavelmente religioso expressariam tal premissa.

Outra questão relevante é a crença de que os celtas eram contra a representação das suas divindades. O comentário do chefe gaulês Breno – relatado por Diodoro – ao ver as estátuas de divindades no santuário de Delfos teria o objetivo

---

40 V. Kruta, *Les Celtes*, p. 429-433. M.J. Green, *Celtic Art*, p. 18-19, 29-32.
41 V. Kruta, *Les Celtes*, p. 79-80.
42 V. Kruta; D. Bertuzzi, op. cit., p. 30-31. São importantes os contatos com os modelos gregos e etruscos.

de depreciar a forma antropomórfica das imagens. Seria o caráter naturalista das imagens que pareceria estranho[43].

Acreditamos que não havia oposição à representação de imagens dos deuses, mas talvez oposição à reprodução ao modo da arte clássica.

As Druidesas

Não há referência a druidesas nas fontes clássicas em relação à Idade do Ferro. Contudo, elas são citadas em atuação, pelo menos no norte da Gália, no século III d.C. Um desses relatos provém de Vopisco[44], que escreveu na segunda metade do século III d.C. e narra uma história sobre vários imperadores romanos, na qual comenta sobre "druidesas" que atuavam como adivinhas. Segundo o autor, uma delas estava em uma estalagem no território dos tungros (Limburg, Bélgica e parte do Ardenas, França) e teria profetizado que o então oficial do exército romano Diocleciano iria se tornar imperador após matar um javali. Tal relato é um tanto estranho e provavelmente fictício[45].

Uma druidesa atuando em uma estalagem pode parecer incomum. As feiticeiras associadas às placas de Larzac poderiam ser chamadas de druidesas? Acreditamos que não. Contudo, não há referências a druidas atuando nesse período em que as druidesas são situadas. Também é temerário afirmar que na Idade do Ferro havia druidesas. Todavia, é interessante notar a associação entre essas mulheres e a adivinhação, uma vez que, como vimos, a adivinhação é um dos talentos mais associados aos druidas e ligada à Diviciaco.

---

43 D. Rankin, op. cit., p. 260.
44 Vopisco, *Numerianus*.
45 M. Aldhouse-Green, *Caesar's Druids*, p. 221. A autora sugere um enigma ou jogo de palavras, pois *Aper* (javali em latim) era o nome do prefeito da guarda pretoriana.

Os Druidas, Bardos e Vates

Algumas fontes clássicas[46] relatam, além dos druidas, a presença de bardos e vates (*eubages* ou adivinhos). É possível que estes pertencessem ao grupo daqueles e fossem diferenciados por níveis de estudo e talvez por certas atribuições. Os autores não estão em acordo quanto às funções, principalmente dos vates. Segundo Diodoro, parece que adivinhos estavam presentes no ofício dos sacrifícios humanos junto com os druidas. Já Estrabão associa os vates com os conhecimentos da religião e a natureza das coisas, juntamente com os druidas. Na verdade, ocorre alguma confusão de atribuições em alguns aspectos entre estes e os vates. No caso dos sacrifícios, talvez os vates fossem os responsáveis pelo ato em si, enquanto os druidas seriam responsáveis, e somente eles, pela interpretação dos sinais ligados ao sacrifício. Por outro lado, Diodoro percebeu os vates como adivinhos, enquanto Estrabão parece relatar que eram os druidas os responsáveis por essas questões. Amiano Marcelino – por sua vez, largamente baseado em Timageno e talvez em César – um autor bem tardio, pois escreve na segunda metade do século IV d.C., refere-se a *eubages* ao invés de vates. Ao que parece, os adivinhos e *eubages* seriam os vates.

Na literatura irlandesa também há distinções que podem, *grosso modo*, ser equiparadas às da Gália. Na verdade, em relação aos comentários dos textos clássicos, consideramos que se tratava do grupo druídico e de suas subdivisões. Ou seja, concebo que bardos e vates pertenciam ao grupo de druidas, e talvez não houvesse de fato distinção entre druidas e vates, mas apenas entre druidas e bardos. Possivelmente, os do segundo grupo eram os guardiões das genealogias das divindades e das grandes famílias aristocráticas.

---

[46] S. Diodorus, op. cit, V, 31, Estrabão, *Geografia* IV, 4, Amiano Marcelino, *História,* XV, 9.

4. AS CRENÇAS

Nem todas as crenças que as fontes clássicas relacionam aos celtas são associadas aos druidas. Todavia, os povos celtas detinham um rico conjunto de crenças e os druidas seriam os seus guardiões privilegiados. Esse grupo com certeza procurava explicar os fenômenos naturais, bem como o destino das coisas divinas e dos seres humanos. Certamente muito desse patrimônio se perdeu, contudo, podemos ter um vislumbre de como tais concepções seriam profundas e complexas.

O Fim do Mundo

Os druidas devem ter concebido crenças acerca da organização do universo. Como guardiões do sagrado eles estariam preocupados com os ritmos naturais, bem como com o que ocorria no céu. As passagens dos textos clássicos sobre temas ligados à cosmologia e a escatologia são raras e, quando surgem, estão descontextualizadas. Uma passagem de Estrabão sobre uma expedição de Alexandre, o Grande, na Trácia em 335 a.C., é conhecida devido a expressão acerca da "queda do céu". Quando os embaixadores de Alexandre perguntaram o que eles mais temiam, os chefes celtas teriam dito que não temiam ninguém, mas que tinham medo que o céu caísse sobre eles[1].

Essa passagem, tida como anedótica, exemplifica bem como as fontes clássicas podem reduzir um elemento profundo de uma sociedade a um simples comentário sobre povos bárbaros. Na verdade, estamos diante de uma concepção escatológica, provavelmente sobre o final dos tempos. Pode significar a princípio que quando o equilíbrio com o outro mundo, por exemplo, mantido pelo ciclo das almas, cessasse e quando os rituais não mais garantissem a ordem cósmica, o mundo ruiria.

Na Literatura irlandesa encontramos uma passagem notavelmente correlata a essa. Trata-se do rei irlandês do Ulster Conchobar:

> A menos que o firmamento não caia com sua chuva de estrelas sobre a face da terra, que a terra não rache com um sacudir de terra, ou que o mar com suas margens azuis não venha sobre a fronte cabeluda do mundo, eu reconduzirei cada mulher e cada vaca ao seu repouso, ao seu recinto, à sua casa e ao seu próprio domicílio, após a vitória da batalha, do combate e da luta[2].

O juramento do rei associado à queda do céu ou ao avanço do mar indica que o fim do mundo seria um momento mítico em que a palavra empenhada não mais teria valor. Aristóteles[3] comentou sobre o fato de os celtas não temerem nem os terremotos nem as ondas. Isso talvez tivesse relação com alguma crença escatológica que chegou até o conhecimento dos gregos.

---

1   J.-L. Brunaux, *Les Druides*, p. 117-118, 145. Estrabão, *Geografia*, VII, 3.
2   C.-J. Guyonvarc'h (trad.), *La Razzia des vaches de Cooley*, p. 221.
3   Aristóteles, *Ética a Nicômaco*, III, 7.

Os druidas deviam ter uma noção acerca do fim do universo. Estrabão relata que para eles as almas e o universo seriam indestrutíveis, mas que o fogo e a água prevaleceriam[4]. Isso pode ser coerente com a crença do céu cair sobre a terra e o mar invadi-la, uma vez que a ordem do universo seria abalada e tudo ruiria por meio das chamas e das águas.

Os Níveis do Mundo

É possível que os povos celtas concebessem uma cosmologia vertical com três níveis de mundos. A língua gaulesa registra três vocábulos: *Albio* (mundo de cima, a cor branca); *Bitu* (este mundo); e *Dumnos* ou *Dubnus* (mundo inferior, tenebroso)[5]. Brunaux afirma sobre os três mundos verticais:

> Parecia que uma cosmologia vertical ordenava esses três mundos sobre um mesmo eixo, ao meio, do qual se encontram os homens. *O gaulês não pode separar o solo, sobre o qual ele vive, do mundo subterrâneo que o suporta e do céu, que é uma espécie de cobertura.* Esta percepção cósmica é bem ilustrada pelo nome que eles dão e a concepção que faziam do santuário. Este último é chamado *nemeton*, a "floresta sagrada", palavra derivada de *nemos-* (o "céu" ou mais precisamente "a abóbada do céu").[6]

É provável que essa estrutura cosmológica fosse semelhante àquela dos povos escandinavos antigos, ou seja, esses "mundos" seriam sustentados pela árvore cósmica. Os druidas deviam afirmar que detinham o conhecimento sobre esses mundos, daí o possível sentido de druidas como "grandes conhecedores da árvore" – no caso, a árvore cósmica. Os vocábulos que indicam os mundos são encontrados em

---

[4] Op. cit., IV, 4.
[5] X. Delamarre, *Dictionnaire de la langue gauloise*, p. 37-38, 76-77, 150-151, 427.
[6] J.-L. Brunaux, *Les Gaulois*, p. 158. Grifado no original.

títulos de divindades, nomes de pessoas e povos, Albiorix, Biturix, bituriges, Dumnorix etc.

A Árvore Cósmica
(Árvore da Vida, Árvore Mundo)

De inspiração oriental, este tema está presente na arte celta, entretanto, é pouco estudado. Certamente os celtas acreditavam em uma árvore mítica gigantesca que sustentava os mundos (*Albio, Bitu, Dumnos*), provavelmente semelhante à árvore que os antigos escandinavos reverenciavam na forma de um freixo (*Fraxinus excelsior*), chamada *Iggdrasil*. Segundo Plínio, o Velho, o carvalho (*Quercus robur*) era uma árvore fortemente cultuada pelos celtas da Gália, com especial destaque para a importância dada pelos druidas. Segundo ele, nenhum ritual era realizado sem a utilização das folhagens desta árvore[7]. No caldeirão de Gundestrup, vê-se um grupo de guerreiros, cavalaria e infantaria que circundam uma árvore. Provavelmente, trata-se de um culto da árvore cósmica que sustenta os mundos.

Na Gália há referência acerca do topônimo *Biliomagus* (planície da árvore) e na antiga Irlanda, havia a *Bilé*, que era a árvore sagrada[8]. Uma interpretação do vocábulo druida como "grande sabedoria da árvore" pode tratar-se da conexão com a árvore cósmica. Dessa forma, o conhecimento druídico manteria a ordem cósmica. Se essa árvore representaria a integridade entre os mundos, o seu sustentáculo, então o seu culto deveria ser parte integrante de algum ritual ministrado pelos druidas.

---

7   *História Natural*, XVI.
8   P.B. Ellis, *A Brief History of the Druids*, p. 122-123; J. Vendryes, *La Religion des celtes,* p. 50-52. Sobre a floresta na literatura como um lugar sagrado e mágico ver: L. de Campos, A Gênese da Matéria Arturiana, *Brathair*, v. 7, n. 2, p. 35-36.

Existem alguns indícios sobre o culto de árvores pelos povos celtas. Em Manching (Baviera, Alemanha), foi encontrado um galho de árvore folheado em ouro, datada do séc. III a.C., talvez fizesse parte de uma árvore votiva. No ópido de Corent foi encontrada uma folha de carvalho de bronze, dos séculos I a.C.–I d.C., talvez oriunda de uma árvore cultual ou uma coroa[9]. Esses exemplos podem representar árvores cultuais que, por sua vez, evocariam a árvore cósmica. No primeiro caso, podemos nomear o carvalho como uma árvore reverenciada pelos druidas.

A Orientação Espacial de Base Religiosa

Os celtas conceberam uma forma de orientação espacial com sentido religioso baseada principalmente no curso do sol. Segundo Ateneu, que escreveu na primeira metade do século III d.C. acerca dos festins, os celtas adoravam as suas divindades deslocando-se em direção à direita[10]. Tal fato indica que eles teriam uma noção de orientação sagrada. Também pode-se ver referências à orientação nas fontes literárias irlandesas[11], pois o herói Cuchulainn expõe o lado esquerdo do seu carro de combate para os seus inimigos, demonstrando hostilidade. Possivelmente, derivado de orientação de cunho religioso.

Para se orientar, os celtas posicionavam-se de frente para o sol nascente, ou seja, para o leste. Assim, o sul ficaria à direita, o norte à esquerda e o oeste atrás. O deslocamento da esquerda para a direita, sentido horário, seria favorável[12].

9 M. Poux, Religion et société, em C. Goudineau, *Religion et société en Gaule,* p. 128, 130; M. Aldhouse-Green, *Caesar's Druids,* p. 152-153. Sobre o galho de Manching e folhas votivas de metal.
10 Athenaeus, *The Deipnosophistae,* IV. 36.
11 C.J. Guyonvarc'h, *La Razzia des Vaches de Cooley,* p. 77, 281-282, 303.
12 V. Kruta, *Les Celtes,* p. 765. Sobre a orientação, ver C.J. Guyonvarc'h; F. Le Roux, *Les Druides,* p. 299-304.

Temos indícios dessa orientação também por meio do gaulês[13]: *are* significa "leste" e "frente", *tuto* ou *touta* significa "norte" e "esquerda", *dexsiuo* significa "sul", "direita" e o sentido de favorável. Contudo, em irlandês antigo, norte pode também significar "em baixo" e sul "em cima".

O sentido da esquerda para a direita significaria a passagem do escuro, sombrio e nefasto para o claro, luminoso e fasto, logo sagrado. O deslocamento da esquerda para a direita tinha um contexto sagrado. É o sentido do sol diurno, do leste para o oeste. As práticas rituais deviam ter essa concepção religiosa nos seus procedimentos.

Os Sacrifícios Humanos

Dentre todos os comentários dos autores clássicos acerca dos celtas, particularmente os gauleses, aquele sobre a prática dos sacrifícios humanos era o mais afirmado e repetido. Não sabemos se essas práticas foram observadas com frequência para que tal lugar comum fosse visto como factual. César não confere algum juízo aos sacrifícios humanos que ele atribui aos gauleses. Ele apenas limita-se a expor a sua existência e, entre outros comentários, que os criminosos eram os preferidos para os sacrifícios, mas se esses faltassem inocentes seriam sacrificados. Alguns autores posteriores, como Diodoro e Estrabão, ambos com seus relatos baseados em Posidônio, conferem um juízo de valor a essa prática. Um dos autores que mais corroborou uma caracterização negativa dos sacrifícios humanos foi Cícero: durante o julgamento do governador Marco Fonteio, ele se refere, como vimos, aos sacrifícios humanos como "monstruosos e bárbaros" e como uma afronta aos romanos.

---

[13] X. Delamarre, op. cit., p. 52, 142-143, 304.

Mais de um século depois, em *Vida dos Doze Césares*, o historiador Suetônio (69–140 d.C.), na segunda metade do século I d.C, falou de "religião bárbara e desumana dos druidas"[14]. A associação desse tipo de sacrifício com os druidas é referida com constância. Assim, de acordo com as fontes, era esse grupo que presidia os sacrifícios humanos. Provavelmente, os druidas que mantiveram contato com mercadores e administradores romanos podem ter assumido que detinham tal prerrogativa. Os sacrifícios humanos eram um dos maiores sinais de comportamento bárbaro e eram considerados um acinte à cultura romana. Os romanos, por sua vez, os haviam proibido, em Roma, em 94 a.C.[15]

Quase todos os autores mais importantes relatam sobre este tipo de sacrifício, mesmo quando não citam os druidas como seus promotores. César narra que eles faziam sacrifícios humanos públicos[16]. Tanto Diodoro como Estrabão parecem ter ficado impressionados com um tipo particular de sacrifício. Trata-se de um golpe de adaga ou espada nas costas, sendo que Diodoro é mais específico ao relatar que o golpe era dado na altura do diafragma. Além disso, segundo o autor, os druidas faziam predições observando a maneira como o sangue fluía e como os membros se agitavam[17]. Naturalmente, práticas desse gênero, verdadeiras ou não, seriam consideradas como uma prova do barbarismo dos celtas da Gália. Contudo, uma estocada no diafragma ou em outros tecidos moles do corpo, pode não deixar marcas nos ossos, e pode ser de difícil apreensão na pesquisa arqueológica. Após Estrabão, os comentários passaram a ter menos detalhes e ser repetitivos. Aldhouse-Green entende que os sacrifícios humanos ocorriam e argumenta:

---

14 *Cláudio*, XXV, 13.
15 *História Natural*, XXX, 3. O ano 657 de Roma.
16 *The Gallic War*, VI, 14.
17 *Library of History,* V, 31; Estrabão, op. cit., IV, 4.

Apesar dos problemas, ambiguidades e distorções apresentadas, tanto no testemunho literário como no arqueológico, as páginas que se seguem argumentam com convicção pela existência do sacrifício humano no final da Europa pré-histórica e mesmo no período romano. Um exame mais detalhado das evidências disponíveis indica a improbabilidade de que tal prática ocorresse a não ser em circunstâncias excepcionais e, ao avaliar a confiabilidade dos dados escritos e dos materiais, é sempre necessário estarmos conscientes de que é possível haver modelos alternativos de interpretação [...]. Negação do ritual de morte em face da evidência é provavelmente tão injurioso para a verdade como a excessiva aceitação crédula da sua ocorrência.[18]

No santuário de Roquepertuse (Bouches-do-Rhône, França) há pilares com nichos para crânios humanos. Contudo, não há provas se tais crânios seriam oriundos da prática dos sacrifícios humanos. Em Gournay-sur-Aronde (Oise, França) e Ribemont-sur-Aronde (Somme, França) foram encontradas grandes quantidades de ossadas humanas. Nesse sítio uma enorme quantidade de ossos dos membros formava uma espécie de altar[19]. Também aí, a posição de esqueletos humanos sugere que corpos sem a cabeça foram arrumados em uma espécie de plataforma. A presença de esqueletos humanos é encontrada em maior quantidade no norte da Gália, nos séculos III e II a.C. O chamado Homem de Lindow[20] (Cheshire, Inglaterra, Reino Unido) foi encontrado em uma turfeira (espécie de pântano com pouca presença de oxigênio) e, ao que parece,

18 *Dying for the Gods*, p. 15-16. Idem, *Caesar's Druids*, p. 70-71. Para a autora as evidências dos sacrifícios humanos são esporádicas, mas persistentes. Ver também A. Ross, *Druids*, p. 54-55, 64-65, sobre não haver dúvidas acerca da realização dos sacrifícios humanos.

19 J.-L. Brunaux, Religion et sanctuaries, em C. Goudineau (ed.). *Religion et société en Gaule*, p. 106-112.

20 M. Aldhouse-Green, *Caesar's Druids*, p. 70-73; M.J. Green, *Exploring the World of the Druids*, p. 80-81; B. Cunliffe, *Druids*, p. 36-37. O autor sugere ser uma morte ritual.

era um homem jovem e teria sido morto de forma ritual, no século i d.C. Há traços de dois golpes na cabeça, sua garganta foi cortada e ele foi garroteado, então foi lançado no pântano. Pólen de visco foi encontrado em seu estômago. Em sítios como Acy-Romance, dos séculos ii e i a.c., e Geneva, do início do século i a.c., os esqueletos que indicam sacrifícios estão em posição sentada[21]. Talvez uma posição ritual.

Algumas questões devem ser consideradas antes de se afirmar que os sacrifícios humanos não ocorriam. Primeiro, com que frequência tais práticas aconteciam? É possível que só tivessem lugar em determinadas épocas (certas celebrações) ou em momentos extraordinários (durante as guerras), mas os relatos dos autores clássicos passam a impressão que seriam frequentes. Diodoro relata uma periodicidade de cinco anos, mas não fica claro se seria certo tipo de sacrifício e se se referia aos celtas de modo geral:

> Conforme a sua natureza selvagem, eles manifestam uma estranha impiedade nos seus sacrifícios. Os criminosos são mantidos prisioneiros por cinco anos e então empalados em honra aos seus deuses, dedicando-os junto com muitas oferendas dos primeiros frutos; e constroem piras de grande tamanho. Cativos também são utilizados por eles como vítimas nos sacrifícios em honra aos seus deuses. Alguns dentre eles igualmente matam, junto com seres humanos, animais tomados nas guerras, ou os queimam ou os eliminam de outra forma vingativa.[22]

O período de cinco anos corresponde justamente ao número de anos representado no calendário de Coligny. Esse período devia tratar-se de um espaço ou ciclo de tempo sagrado. Se assim for, os sacrifícios não seriam tão comuns quanto os relatos fazem parecer. Diodoro narra a crença

---

21 B. Lambot, Victimes, sacrificateurs et dieux, em V. Guichard; F. Perrin (eds.), *L'Archeologue,* p. 30-36.
22 Op. cit, v, 32.

de que as almas imortais retornavam para outros corpos após certo número de anos[23]. Seria um período de cinco anos? Ou seja, os criminosos e prisioneiros de guerra eram reservados para o momento em que as almas deveriam retornar? Talvez se tratasse de um eterno ciclo de renovação das almas, do qual os druidas eram os guardiões. Os sacrifícios assegurariam a perpétua continuidade das leis que regiam o movimento das almas entre este e o outro mundo, mantendo assim a ordem cósmica e impedindo que o mundo ruísse.

Um ponto que me parece relevante é o sacrifício dos seres humanos e a oferta dos primeiros frutos comentada por Diodoro. Na antiga Irlanda havia a festa de Lugnasad, comemorada em 1º de agosto em honra a divindade Lugh e uma reunião correlata na mesma data com relação ao deus Lugus na Gália, pelo menos no período romano. A festa Lugnasad estaria relacionada com o momento da maturidade de todos os frutos[24]. Isso pode nos dar uma pista sobre a celebração de Lugus ser um dos momentos de sacrifícios a cada cinco anos.

Outra questão deve considerar que no final da Idade do Ferro a maior parte dos sacrifícios devia ocorrer pelo fogo, o que comprometeria a identificação dos sacrifícios nos dias de hoje. César relata sobre clientes cremados nos funerais dos aristocratas, em tempos anteriores[25]. Seriam sacrifícios? Vale ressaltar que em dois momentos dos seus comentários, César permite supor que sacrifícios humanos seriam praticados. O primeiro, quando da convocação de uma assembleia guerreira dos treveros (Vale do rio Mosela, França) pelo aristocrata Indutiomaro, em 54 a.C.:

---

23 Ibidem, v, 28.
24 C.-J. Guyonvarc'h; F. Le Roux, *Les Fêtes celtiques,* p. 113-114.
25 Op. cit, vi, 19.

ele convoca a assembleia armada. Esta, segundo o costume dos gauleses, marca o começo da guerra: uma lei comum convoca a todos os homens adultos a comparecer armados; enquanto aquele que for o último a chegar será morto, sob os olhos da multidão através dos mais cruéis suplícios[26].

A outra se refere aos castigos impostos por Vercingetorix em 52 a.C. para aqueles que não obedecessem as suas determinações:

> unindo o maior cuidado à maior severidade no comando, demove os duvidosos com a severidade dos suplícios. Pois quando o crime era grave, mandava matar pelo fogo e todo o gênero de tormentos, quando o caso era leve mandava o culpado para a casa com as orelhas cortadas ou com um olho vazado, para desestimular uns e aterrorizar outros com a severidade das penas.[27]

Dessa forma, vemos dois momentos muito semelhantes, que são convocações para a guerra. Na primeira citação, César diz que o último a chegar seria morto na frente da multidão, logo um sacrifício público. Na segunda citação, Vercingetorix estaria executando pelo fogo, ou seja, possivelmente condenando ao sacrifício aqueles que não obedecessem à convocação para lutar contra os romanos. Na verdade, tais convocações tinham o aval dos druidas e desrespeitá-las seria um crime passível do sacrifício. No caso de Vercingetorix, uma parte desse grupo estava apoiando a causa contra César. O sacrifício pelo fogo também devia estar em pauta para a assembleia dos treveros. Esse tipo de sacrifício teria um aspecto espetacular e impressionaria a audiência presente nas assembleias.

O quadro abaixo relaciona os tipos de sacrifícios humanos. Os autores estão assinalados acima do quadro.

---

26 Ibidem, v, 56.
27 Ibidem, vii, 4.

TIPOS DE SACRIFÍCIOS HUMANOS	César (VI, 16)	Diodoro (V, 31-32)	Estrabão (IV, 5)
Fogo	X	X	X
Empalados/crucificados		X	X
Espada/adaga		X	X
Flechas			X

A Cabeça Humana e a Alma

A cabeça humana tinha uma grande significação para os antigos celtas. Vários relatos citam o valor que davam a essa parte do corpo e a importância da cabeça decepada para o guerreiro. Na iconografia é uma representação comum. É possível que a cabeça humana fosse o depositário da alma. A prática de decepar cabeças era onipresente no mundo celta[28].

As fontes clássicas informam sobre a cabeça dos inimigos mais ilustres serem conservadas em óleo de cedro e na recusa dos seus donos em se desfazerem delas mesmo por grandes somas em dinheiro[29]. Numa moeda em que há a imagem e o nome do aristocrata éduo Dumnorix, vemos que este segura uma cabeça humana na mão esquerda. Tal representação talvez visasse passar a mensagem de que o personagem era um grande guerreiro e mantinha as tradições. Outra possibilidade, que não exclui a primeira, seria que Dumnorix dominava as almas dos inimigos.

A Imortalidade da Alma

Algumas passagens como a de César relatam sobre a crença dos druidas na imortalidade das almas, bem como na ideia

---

28 M. Aldhouse-Green, *Dying for the Gods*, p. 93-110.
29 Diodorus, op. cit, V, 29; Estrabão, op. cit, IV, 4.

de que estas passariam de um corpo para outro, que seria a sua principal crença, afastaria o medo da morte e estimularia a coragem dos guerreiros[30]. Além disso, correlatas às crenças de Pitágoras, poderia haver, então, ideias de renascimento e transmigração das almas. A concepção sobre mortes cíclicas e renascimento estaria presente[31].

Podemos crer que de fato tratava-se da crença de um eterno intercâmbio entre este e o outro mundo. Um ciclo de movimentos de almas que deveria ser mantido pela ação dos druidas, particularmente em sua diligente observação dos rituais. Daí a ideia de que nenhum ritual – principalmente os sacrifícios humanos – poderia ser executado sem um membro desse grupo. Diodoro discorre, como vimos, sobre um ciclo de anos para a circulação das almas. Talvez levasse o período de cinco anos para que o ciclo se completasse. Essa crença nos destinos das almas imortais deveria, de fato, ser capital para os druidas, como afirma César. A vida, então, seria observada como um eterno ciclo no qual a passagem sobre este mundo seria uma parte de todo o percurso da alma. Daí o relato de Lucano sobre a crença de que a morte é o meio da jornada[32]. Acredito que caberia aos druidas assegurar que toda jornada fosse cumprida.

Se a crença na imortalidade seria, segundo César, uma forma de suscitar a coragem dos guerreiros, então é plausível articularmos com os três preceitos druídicos citados, no século III d.C., por Diógenes Laércio (*c*. 225–300 d.C.)[33]: honrar os deuses, não praticar o mal e agir com bravura. Essas condutas éticas, ainda que genéricas, podem demonstrar uma concepção associada à imortalidade da alma. Ou seja, haveria uma conduta desejável para assegurar tal destino para a alma?

---

30 Op. cit, VI, 14.
31 M. Aldhouse-Green, *Caesar's Druids*, p. 169-173.
32 Lucano, *Farsália*, 450-458.
33 Diógenes Laércio, *Vida dos Filósofos*, I. Prólogo 1.

As Águas

Os antigos celtas – bem como outros povos – tinham os meios aquáticos em alta conta[34]. Artefatos e mesmo corpos humanos eram depositados nesses ambientes, podendo indicar a sacralidade de tais locais. Assim, haveria uma crença sobre a água ser um meio privilegiado de acesso ao outro mundo.

Várias fontes dão indícios sobre a importância das águas: comentários medievais ao texto de Lucano relatam o sacrifício em honra a Teutates pela imersão em cubas[35]; Estrabão relata sobre um provável fim do mundo pelo fogo e pela água que prevaleceria sobre a imortalidade das almas; as viagens de heróis em direção às ilhas míticas, relatadas na literatura, podem representar a viagem da alma para o outro mundo; segundo César, muitos druidas dirigiam-se à Grã-Bretanha para aprofundar os seus estudos; na literatura irlandesa, o druidismo teria chegado à Irlanda oriundo de ilhas do norte; na literatura, há a associação entre o salmão (*Salmo salar*) e a sabedoria. O peixe adquiriu sabedoria após comer as avelãs que caiam da aveleira e os homens que ingeriam o salmão podiam absorver essa sabedoria[36].

Então, as águas poderiam representar uma via pela qual as almas seguiam o seu ciclo, e eram portadoras ou via de passagem para a sabedoria. A chegada do saber druídico à Irlanda e o aprofundamento dos estudos na Britânia envolviam viagens por meios aquáticos. Então, o saber druídico mantinha alguma conexão com esses meios? Na verdade, a paisagem seria sagrada.

---

[34] Sobre o tema ver F.L. Olivieri, Os Celtas e os Cultos das Águas, *Brathair*, v. 6, n. 2, p. 79-88.

[35] M. Aldhouse-Green, *Caesar's Druids*, p. 68-70. A autora se refere aos *Scholiastes* de Berna que no século IX fizeram comentários no texto de Lucano. Idem, *Dying for the Gods*, p. 113-121. Sobre sacrifícios em meios aquáticos.

[36] J. Mackillop, *Dictionary of Celtic Mythology*, p. 376-377.

Os Druidas e Pitágoras

Diodoro relata que durante os festins dos celtas da Gália ocorriam combates e os associa às crenças pitagóricas (Pitágoras 570-496 a.C.), contudo sem ligá-los aos druidas:

> desafiavam-se entre eles para um combate singular, sem qualquer preocupação por suas vidas; pois as crenças de Pitágoras que prevalecem entre eles afirmam que as almas dos homens são imortais, e que após um prescrito número de anos elas iniciam uma nova vida, a alma entra em outro corpo. Consequentemente, sabemos que durante os funerais dos seus mortos, alguns jogam na pira cartas que eles tinham escrito para os seus companheiros falecidos, como se os mortos estivessem aptos a ler essas cartas[37].

Amiano Marcelino afirma que os druidas se reuniam em confrarias e seguiam os preceitos de Pitágoras[38]. Hipólito relata, no século III d.C, que um escravo trácio de Pitágoras, Zalmoxis, havia introduzido a filosofia entre os celtas e que os druidas eram zelosos guardiões dessa doutrina[39].

O sistema de crenças dos druidas deve ter parecido estranho para os autores clássicos. Então, alguns autores tentaram explicar como esses homens eminentes, entre os povos bárbaros, podiam professar ideias elaboradas. Talvez por isso, buscassem evocar o pensamento grego como a origem do druidismo. Pitágoras havia nascido na ilha de Samos, próximo da Jônia (litoral oeste da Turquia), a região de onde teriam emigrado os fundadores de Massalia, os foceus. Dessa forma, alguns autores clássicos, gregos em particular, poderiam crer que o pitagorismo influenciou os druidas via Massalia. A ideia de contatos entre estes e a colônia grega no

---

[37] Op. cit., V, 28. As cartas endereçadas ao outro mundo seriam de dívidas. Também são mencionadas por Pompônio Mela, *Chrorografia*, III, 2.
[38] *História*, XV, 9, 8.
[39] *Refutação de Todas as Heresias*, I, 25.

sul da França não deve ser descartada. Todavia, não podemos precisar até que ponto os celtas absorveram certas noções pitagóricas, sobre as almas, não podemos precisar.

O Xamanismo

Aldhouse-Green aponta correlações entre os xamãs e os druidas, particularmente em relação a crenças sobre a vida após a morte, reencarnação, cura etc. Outro elemento xamânico como o "voo da alma" também é apontado como um elemento de correlação entre druidas e xamãs[40].

Deve-se tratar com cautela a identificação dos druidas com xamãs. Na verdade, é possível que em certos rituais pudessem ocorrer atividades equiparadas a certas práticas xamânicas – talvez a utilização de plantas com comprovadas propriedades alucinógenas, como o visco, bem como de bebidas alcoólicas, como o vinho, teria a finalidade de alcançar o transe. Este seria o elemento que mais articularia os druidas com as práticas xamânicas.

As Divindades

Sabemos pouco sobre as antigas divindades celtas. As três divindades citadas por Lucano como importantes entre os gauleses – Esus, Taranis e Teutates – não têm essa importância corroborada pela frequência das citações[41]. César dá nomes latinos aos deuses celtas cultuados na Gália ou pelo menos entre os éduos, povo que o general teve mais contato. Contudo, uma informação associa uma divindade, que o cônsul chama pelo nome latino de *Dis* (*Dis Pater*), com o ancestral

---

40 *Caesar's Druids*, p. 82-86. Ver também M. Aldhouse-Green; S. Aldhouse-Green, *The Quest of Shaman*, p. 111-112, 136-138.
41 M.J. Green, The Gods and the Supernatural, *The Celtic World*, p. 472.

dos celtas da Gália; tal crença seria professada pelos druidas[42]. Outras divindades conhecidas, citadas na epigrafia ou outros textos, são Epona, Lugus, Ogmios etc. Porém nossos conhecimentos são limitados. De acordo com César, os druidas conheciam as características dos deuses e provavelmente detinham o monopólio das informações sobre eles, bem como o privilégio do contato com os seres divinos. Cabia a eles os procedimentos sobre os rituais, como reverenciar a cada divindade em particular, as especificidades que as divindades requereriam nos cultos, em termos de oferendas.

Devia haver santuários próprios para certas divindades. Isso poderia explicar, em parte, as variações encontradas na estrutura e na cultura material dos santuários. Santuários consagrados a diferentes divindades poderiam ter estruturas e realização de rituais diferenciados. Também não sabemos se havia alguma divindade com funções druídicas, como o deus Dagda no caso da literatura irlandesa. Contudo, o deus gaulês Sucellos (com atributos como pote e martelo, que evocam o caldeirão e malho da divindade irlandesa Dagda) seria um deus-druida? Não sabemos qual a relação entre as divindades celtas e a própria existência dos druidas. É provável que o deus Lugus, possivelmente interpretado como Mercúrio por César, fosse o "predecessor" e correlato do Lugh irlandês. Essa divindade talvez fosse ligada ao druidismo[43]. Se o mesmo se desse com Lugus na Gália, isso poderia explicar a raridade do nome dessa divindade durante o período romano.

---

42 Op. cit., vi, 17-18.
43 P.R. Lonigan, *The Druids,* p. 26-27.

5. OS DRUIDAS E ROMA

Uma questão relevante é: qual o lugar dos druidas durante a ocupação romana? Esse grupo teve uma participação relevante nos eventos que ocorreram na Gália e na Britânia na sequência da conquista romana. Alguns druidas colocaram-se em oposição à nova ordem, enquanto outros, não mais se nomeando assim, se aproximaram da nova administração.

Os Druidas e a Conquista Romana

A conquista da Gália, após oito anos de guerras, foi um fato extremamente marcante para os celtas dessa região. Segundo Cunliffe:

> Os oito anos de guerra foram desastrosos para muitas das tribos celtas da Gália. Deve ter levado muitas gerações para que as feridas psicológicas se curassem e para a economia arrasada se recuperar, que poderia ser uma razão pela qual a interferência

romana nos assuntos gauleses fosse tênue até Augusto começar a reorganização em grande escala em 27 a.C.[1]

Para o autor, os oito anos de campanhas exauriram a resistência gaulesa, o sistema social e de crenças foram quebrados[2].

Após o fim das campanhas, devia haver um cenário de desolação: colheitas arrasadas, fazendas e alguns ópidos incendiados, colapso de parte do comércio, boa parte da população jovem (principalmente masculina) morta ou escravizada. Grande porção da aristocracia que se opunha a Roma teria perecido. Dessa forma, nas décadas subsequentes a conquista, pouca resistência a Roma era viável, e ocorreram apenas algumas insurreições isoladas. Além disso, foi imposto à Gália conquistada um tributo de quarenta milhões de sertércios e as perdas gaulesas incluindo-se mortos e prisioneiros estariam entre seiscentos mil a um milhão de pessoas.[3]

Após – e talvez durante – a Guerra das Gálias, César concedeu cidadania romana a aristocratas celtas, entre eles, certamente, druidas teriam sido agraciados. É natural que muitos estivessem interessados nos privilégios que a cidadania ofereceria após a inexorável conquista romana. Se esse grupo detinha o controle sobre o comércio do vinho, que estava presente em boa parte da Gália, a cidadania romana seria para alguns uma forma de manter seus privilégios? Após a conquista, alguns druidas poderiam almejar lugares nas carreiras sob a administração romana.

Acredito que, no caso da conquista da Britânia, tenha ocorrido algo semelhante. Nessa região, alguns druidas lograram receber a cidadania romana e puderam se engajar na

---

1 B. Cunliffe, The Impact of Rome on Barbarian Society, *The Oxford Illustrated History of Prehistoric Europe*, p. 425.
2 Idem, *Druids,* p. 75.
3 Ver A. Ferdiére, *Les Gaules*, p. 85-86.

administração romana. O prestígio de aristocratas bretões como o rei dos regnensis (West Sussex, Reino Unido) Togidubno ou Cogidubno, que foi o rei mais leal aos romanos no período da conquista da Britânia[4], teria sido fundamental no início da ocupação.

Devemos considerar que, com a conquista romana, o mundo do final da Idade do Ferro começa a se esvanecer. Assim, boa parte dos ópidos, onde anteriormente cultos druídicos eram realizados, foram substituídos por cidades com traçado e arquitetura romanos (principalmente com muralhas de pedra e não de madeira, terra e pedra); aquedutos e outras construções monumentais surgem; na verdade, a paisagem começa a mudar de forma radical; a cunhagem de moedas celtas cessa, dando lugar ao numerário romano; a escrita latina se generaliza e o gaulês redigido com caracteres latinos, como o calendário de Coligny, tende a desaparecer. Além disso, a aristocracia guerreira foi em boa parte recrutada para as tropas auxiliares romanas.

Leis Repressivas

A concepção de que os druidas estavam enfraquecidos quando da conquista romana, daí César não os ter citado nominalmente, não se sustenta. Por que os romanos promulgariam três éditos cada vez mais radicais após a conquista, se a autoridade desse grupo estava em declínio? Esses éditos surgiram a partir de Augusto, mas o seu conteúdo não chegou até nós. Sabemos sobre eles de forma superficial por relatos de autores clássicos.

O quadro abaixo demonstra os éditos contra os druidas

---

[4] Tacitus, *Agricola, Agricola and Germany*, p. 74-75. Uma inscrição revela o nome do aristocrata bretão, Tibério Cláudio Cogidubno (ou Togidubno). Havia se tornado cidadão romano.

Éditos	Autor da informação	Imperador na época dos éditos	Tema
1º	Suetônio (XXV, 13)	Augusto	Proibição da religião dos druidas aos cidadãos romanos
2º	Plínio (XXX, 4)	Tibério	Supressão dos druidas, profetas e médicos
3º	Suetônio (XXV, 13)	Cláudio	Abolição da religião desumana e bárbara dos druidas

Podemos perceber que esses éditos tornam-se cada vez mais rígidos. O primeiro, sob Augusto, talvez tenha sido promulgado à época da fundação da colônia de Lugdunum (Lyon, França), em 12 a.C. Devia ser direcionado aos druidas (além de outros aristocratas gauleses) que haviam se tornado cidadãos romanos. Eles estavam proibidos de continuar com as antigas práticas, possivelmente os sacrifícios humanos públicos. Mais tarde, sob Tibério, talvez após a rebelião liderada pelo éduo Júlio Sacrovir em 21 d.C., que tentou tomar Augustodunum (Autun, Saône-et-Loire, França), houve uma radicalização, os druidas não são mais tolerados, possivelmente os que não adquiriram a cidadania. Por fim, com Cláudio, que nasceu em Lugdunum e deve ter visto druidas ainda em atividade, qualquer praticante do druidismo seria condenado. É o caso de um cavaleiro do povo vocôncio (Vaucluse e Drôme, França) que foi condenado à morte por portar o "ovo da serpente" (ouriço do mar)[5]. É possível que o imperador tivesse tido tal iniciativa com o intuito de aboli-los da Britânia à época da conquista, em 43 d.C.

---

5 Plínio, o Velho, *História Natural*, XXIX, 12, 52-54.

Os Druidas e a Administração Romana

Com a conquista da Gália consumada, parte da elite, inclusive muitos druidas (não mais se nomeando como tal devido aos éditos), poderiam se relacionar com a ordem romana. Segundo Richard Hingley[6], as elites das províncias romanas teriam negociado suas relações, inclusive identidade, com Roma. Citando Greg Woolf, o autor comenta que os gauleses poderiam ter participado da criação de uma nova ordem social. As elites das províncias seriam incentivadas a adotar a identidade romana[7]. O que definia como um aspecto central do ser romano era a *humanitas*[8].

Um exemplo relevante das relações entre a aristocracia celta na Gália e a ordem romana, notadamente em relação ao culto imperial, é o caso de Caio Júlio Vercondaribubno[9]. Este aristocrata éduo havia recebido a cidadania romana e se tornou o primeiro grande sacerdote dedicado a esse novo culto, no altar de Roma e Augusto, em Lugdunum, em 12 a.C. Supõe-se que Vercondaridubno possa ter recebido ensinamentos druídicos e, devido a isso, teria grande prestígio junto à população. Os romanos tinham muito a ganhar com a atuação de homens com tal distinção, pois se valeriam do grande *status* dos druidas em prol da sua administração na Gália, no início do principado. O engajamento no culto imperial seria uma forma, entre outras, de aproximação à

6   *Globalizing Roman Culture*, p. 47-48. As elites das províncias desejavam adotar a cultura "romana", pois isso ajudaria a negociar o seu próprio poder em âmbito local e em contexto imperial.
7   Ibidem, p. 69-71.
8   Ver G. Woolf, *Becoming Roman*, p. 54-60; R. Hingley, *Globalizing Roman Culture*, p. 26-27, 62-64, 69-71; R. Hingley, Diversidade e Unidade Culturais: Império e Roma, em R.S. Garrafoni; P.P. Funari; R. Pinto (orgs.), *O Imperialismo Romano*, p. 70-71. O conceito romano de *humanitas* se articula com a identidade romana ideal e é uma justificativa ideológica para conquista e dominação. Aproxima-se da ideia de "civilização" e não combina com o barbarismo.
9   G. Woolf, op. cit., p. 39-40; 216-217.

identidade romana. Sobre o culto imperial, segundo Norma M. Mendes:

> Trata-se do culto imperial. Preces e oferendas eram feitas ao *numem* do Imperador, quer dizer, às suas virtudes, genialidade e prosperidade. Assim, um único homem unifica e integra a sociedade romana, unindo cada família particular à grande família romana cujo príncipe era o Pai da Pátria.[10]

Os druidas que escolheram se engajar na ordem romana teriam canalizado o culto de certas divindades celtas para os cultos romanos. Dessa forma, a principal divindade em particular, o deus pancelta Lugus (ou Lug), teria sido substituído ou assimilado pelo culto ao imperador. Daí, a escolha de Lugdunum (Fortaleza de Lug), atual Lyon, como o ponto de encontro do Conselho das Três Gálias, (Gálias Aquitânia, Lugdunensis e Bélgica). Segundo Cunliffe:

> Finalmente em 1º de agosto o festival de *Lugnasad* acontecia, presidido pelo deus Lugh. O momento pode sugerir que era quando ofertas propiciatórias tinham de ser feitas às divindades ctônicas em antecipação à colheita das frutas. Na Gália, no primeiro século a.C., era a ocasião quando o Conselho das Gálias ocorria, um fato sutilmente manipulado pelo Imperador Augustus quando, em 12 a.C., ele realocou o *consilium* Gaulês, exigindo que se desse anualmente no altar de Roma e Augustus em Lyon. Fazendo isso ele demonstrava a unidade da Gália e Roma, se equiparando com Lugh.[11]

Além de sacerdotes, supõe-se que uma parte dos druidas com cidadania romana teria ocupado a função de decuriões

---

[10] O Sistema Político do Principado, em G.V. da Silva; N.M. Mendes (orgs.), *Repensando o Império Romano*, p. 39. Sobre o Culto Imperial ver C.B. Rosa, A Religião na *Urbs,* ibidem, p. 149-150.

[11] B. Cunliffe, *The Ancient Celts*, p. 189. Sobre Lug desaparecer das inscrições a partir de Cláudio, e ser afastado das esferas oficiais juntamente com os druidas, ver O. Buchsenschutz, *Les Celtes de l'âge du Fer*, p. 166.

na administração romana. Nas províncias, estes dirigiam a vida religiosa da cidade, estabeleciam os calendários das festas religiosas, podiam eleger sacerdotes, influenciavam sobre as finanças etc.[12] Devido a essas funções, muitos druidas no início do Alto Império devem ter sido atraídos para esses cargos, dessa forma garantindo poder na ordem romana.

Segundo Cardoso e Araújo, os membros das ordens romanas (inclusive decuriões) eram favorecidos pela hereditariedade[13]. Acredita-se que tal prerrogativa teria desestimulado os aristocratas que optaram por ser decuriões a enviar seus filhos para se instruir como druidas, enfraquecendo ainda mais o grupo. Aqueles que optaram em ser decuriões – bem como sacerdotes – poderiam também ter se engajado em articular a religião e a arte celtas com a religião romana. Segundo Greg Woolf:

> os decuriões das *coloniae* e *municipia* criaram uma nova religião romana para a Gália, enquanto os camponeses, e aqueles que viviam em regiões remotas, apegavam-se às práticas tradicionais tão longe quanto fosse possível e seguro. Sem dúvida, as elites galo-romanas, e outras em contato próximo com os romanos, por exemplo, veteranos auxiliares, tiveram papel dominante na remodelação da vida religiosa dos gauleses[14].

Outra ocupação a que muitos druidas teriam se lançado foi a de professor, mais especificamente reitores nas escolas romanas para acolher os filhos da elite local. Assim, na obra do poeta latino Ausonius (310–395 d.C.), na segunda metade do século IV d.C., relata que professores e sacerdotes oriundos

---

12 Ver F. Jacques, Les status des personnes et des communautés, em J. Scheid, *Rome et l'integration de l'Empire*, p. 257-259. Os decuriões também podiam designar os magistrados e influenciar na justiça. Ver também G. Woolf, op. cit., p. 223-226.
13 C.F. Cardoso; S. Rebel de Araújo, A Sociedade Romana no Alto Império, em G.V. Silva; N.M. Mendes (orgs.), op. cit., p. 87-89.
14 Op. cit., p. 227-228.

de antigas famílias druídicas ocupavam funções na Gália romana[15].

Dessa forma, o sacerdócio, o decurionato e o ensino podem ter sido as principais atividades que muitos druidas – abrindo mão desta nomeação – teriam assumido no Alto Império. Agora, não eram mais vistos como bárbaros, mas reconhecidos por possuírem a *humanitas*.

Os Druidas e as Rebeliões

Os dois relatos do historiador romano Tácito (55–120 d.C.), escritos no início do século II d.C., nos quais os druidas são citados, evocam rebeliões e oposição direta em relação a Roma. O primeiro trata-se da rebelião de 60-61 d.C., liderada pela rainha dos icenos (Norfolk, Reino Unido), Boudica, e discorre sobre druidas praguejarem contra os legionários romanos[16]. O outro relato discorre acerca da rebelião de 69–70 d.C., na Gália, liderada pelo chefe dos batavos (povo germano, sul da Holanda), Civilis. Os druidas estavam profetizando contra o império, e isso fica claro quando Tácito refere-se a um incêndio no Capitólio ocorrido no ano de 69 d.C. Nessa ocasião, os druidas da Gália teriam previsto que o império chegaria ao fim e a soberania do mundo passaria às mãos dos celtas[17]. É a última referência a membros ativos desse grupo.

Para Jane Webster, os druidas teriam protagonizado uma resistência aberta a Roma[18]. Segundo a autora, esse grupo teria atuado como profetas milenaristas (ou seja, que manifestam crença no fim do mundo). Uma vez que, entre a Guerra das

---

15   En Mémoire des professeurs bordelaise, IV, X, *Oeuvres en vers et en prose*.
16   *Anais*, XIV, 30.
17   *Histórias*, IV, 54.
18   A Negotiated Syncretism, *Journal of Roman Archeology*, v. 23, p. 167-170.

Gálias e a revolta de Civilis, eles perderam influência, em consequência da conquista romana, tornaram-se os líderes de rebeliões[19].

Considero que isso pode ter ocorrido porque druidas que haviam conquistado a cidadania romana talvez desejassem manter os cultos celtas, inclusive os sacrifícios humanos que ocorriam em certas ocasiões. Estes rituais seriam incompatíveis com a concepção da *humanitas*[20]. Então, como reação romana, publicou-se o primeiro édito que proíbia os gauleses com cidadania romana de praticar o druidismo. A partir de então, esses druidas com cidadania romana não podiam mais se denominar dessa maneira. Assim, entendo que as manifestações baseadas em evocar o fim do mundo e o fomento de rebeliões teriam ocorrido, mas sugiro que os druidas, particularmente os que optaram por não se engajar na ordem romana, teriam sido levados a tal comportamento notadamente após o édito de Augusto e o advento do culto imperial na Gália – fatores relevantes para a perda do prestígio desse grupo. O culto imperial deve ter ressaltado ainda mais a incompatibilidade entre as crenças celtas e romanas, ao substituir os cultos públicos celtas.

Para entender tal conduta desse grupo é importante reavaliar o papel que os sacrifícios humanos tiveram na oposição dos druidas em relação a Roma – ainda que não fossem frequentes. Segundo César, as vítimas mais apropriadas para esses sacrifícios eram aqueles que haviam cometido crimes, como o roubo, enquanto Diodoro cita tanto os criminosos como os prisioneiros de guerra[21]. Com a conquista romana, a aplicação da justiça e o controle das guerras tenderam a se deslocar para a esfera da administração romana. Tal fato, aliado às proscrições pelos éditos, atingiu diretamente o culto público celta, particularmente o sacrifício humano público citado por

---

19 At the End of the World, *Britannia*, v. 30, p. 14-16.
20 G. Woolf, op. cit., p. 214-215, 220-222.
21 Ver César, op. cit, VI, 16; Diodoro, op. cit, V, 32.

César. Então, os druidas teriam ficado alijados de julgar os criminosos e manter prisioneiros, e principalmente sentenciá-los ao sacrifício. Foi um duro golpe para o seu poder.

Do ponto de vista dos druidas, a religião visava o equilíbrio cósmico. Os rituais, inclusive os sacrifícios humanos, garantiam a integridade do cosmos. Sem poder executá-los, como vimos, o mundo ruiria. Além da imortalidade, o eterno ciclo das almas era uma crença fundamental – concepção não condizente com a religião romana[22]. Então, a cosmologia celta não se enquadrava na religião romana. Estrabão, como vimos, relata sobre a indestrutibilidade da alma e do universo, e sobre o dia em que o fogo e a água iriam prevalecer. Assim, o incêndio do Capitólio provavelmente teria evocado o fogo que extinguiria o mundo – ou destruiria o poder de Roma. Na verdade, os druidas devem ter evocado crenças escatológicas estabelecidas.

Portanto, uma vez alijados do seu prestígio, com o seu mundo em crescente transformação, sem poder professar as suas crenças e praticar os rituais que sustentariam a ordem cósmica – como os sacrifícios públicos –, os druidas que não se engajaram na dinâmica romana devem ter suposto que o império e o mundo ruiriam. Desprovidos do poder legitimado pelas antigas práticas religiosas celtas, sua influência política definhou, especialmente junto à elite, ansiosa de se relacionar com Roma. Assim, passam a praguejar contra Roma e a incitar a população em rebeliões contra os dominadores. Porém, mesmo que não houvesse repressão, eles perderiam o seu poder, pois, como vimos, as mudanças trazidas por Roma após a conquista de César[23] não lhes deixavam lugar.

---

[22] Ver J. Scheid, Augustan and Roman Religion, em K. Galinsky (ed.), *The Cambridge Companion to the Age of Augustus*, p. 177. Era importante a observação dos rituais. Assim, a *pietas* era a relação social correta com os deuses e nada tinha a ver com fé, vida eterna e salvação da alma.

[23] J. Webster, At the End of the World, *Britannia*, v. 30, p. 16. Para a autora, o declínio dos druidas seria um fenômeno posterior à conquista romana.

No quadro abaixo, relaciono autores clássicos e práticas consideradas ofensivas e associadas aos druidas. É relevante a associação entre o sacrifício humano e a adivinhação/profecia. Essa associação pode indicar que, com a proibição dos sacrifícios humanos, os druidas passam a profetizar contra Roma.

Práticas/autores	Estrabão (IV, 5)	Pomp. Mela (III, 2, 18-19)	Lucano (I, 450-458)	Plínio (XXX, 4)	Tácito (XIV, 30; IV, 54)	Suetônio (XXV, 13)
Sacrifícios humanos	X	X	X?	X	X	X?
Adivinhação/profecia	X				X	
Incitar a guerra					X	
Religião						X

Os que fizeram oposição a Roma deviam estar ressentidos principalmente por ter perdido o monopólio dos rituais públicos, que eram uma das manifestações druídicas de maior influência junto à população e em relação à aristocracia, entre outras prerrogativas. Possivelmente, muitos não queriam que o seu saber se perdesse e também não devemos descartar questões ligadas a sentimentos de identidade celta. A antiga autoridade dos druidas não tinha lugar na ordem romana.

6. CONCLUSÃO

Os druidas detinham amplas funções na sociedade celta. João Lupi dá bem a ideia da abrangência de suas funções:

> A sabedoria dos druidas era, como se viu, famosa entre os gregos e romanos: sacerdotes e teólogos, eram ainda fisiólogos e cosmólogos, poetas e adivinhos, políticos e pedagogos. Que eram sacerdotes encarregados de presidir os sacrifícios e o ritual, e portanto detentores dos conhecimentos acerca do simbolismo litúrgico, não há dúvida, como também não se dúvida de que eram teólogos, criadores e intérpretes das doutrinas acerca da mitologia, das características dos deuses, das formas de prestar-lhes culto, de como as pessoas deviam comportar-se de acordo com normas éticas baseadas em princípios religiosos.[1]

Pode-se inferir que os druidas participavam do cotidiano da sociedade celta por intermédio de todas as suas inúmeras funções. No final da Idade do Ferro, período mais relevante

---

1   Os Druidas, *Brathair*. v. 4, n.1, p.75.

para esta obra, eles estavam presentes nos ópidos, bem como em outros tipos de assentamentos contemporâneos.

Eles mantinham forte controle sobre os rituais e todas as questões de ordem religiosa, bem como estavam presentes na administração dos santuários. Os conhecimentos astronômicos dos quais eram detentores permitia-lhes estabelecer calendários – o calendário de Coligny representa um vislumbre disso – e determinar acerca de assembleias e festas sazonais, além de definir os momentos favoráveis e desfavoráveis para determinadas ações da sociedade ou realizações de rituais. Esse saber devia ser fundamental para legitimar a ação desse grupo nos cultos. Ao final da Idade do Ferro, e na esteira do surgimento dos ópidos, particularmente na Gália, os druidas lograram idealizar uma religião organizada.

Por meio do controle exclusivo das questões relativas à religião, eles agiam na esfera política. A eleição do vergobreto – substituto do rei celta na Gália central – seria um dos exemplos do poder e da abrangência das funções druídicas. É possível que também participassem das resoluções políticas do vergobreto. A escolha do aristocrata que desempenharia esse cargo devia evocar a aplicação de conhecimentos astronômicos, para a escolha do tempo e lugar apropriados para o evento.

Os druidas também deviam ser consultados pelos seus conhecimentos de ordem médica e referente à utilização de plantas medicinais. Essa prática devia estar associada à adivinhação. O transe devido à utilização de plantas alucinógenas em determinadas cerimônias também não deve ser descartado. O consumo do vinho pode também ter desempenhado uma função de transe alcoólico durante os festins.

A ritualização das guerras e os contatos entre embaixadores marcavam a presença deles no campo de batalha. Nesses eventos, esse grupo devia impor a sua legitimidade em relação à comunicação com as divindades, que evocavam para consagrar os juramentos e os procedimentos que envolviam a troca de reféns.

Eles mantinham relações com os mercadores romanos. Sua atuação no comércio com Roma justificava-se, uma vez que as ânforas vinárias eram em grande parte utilizadas em rituais por eles presididos. A cunhagem de moedas também detinha a sua atenção, pelo menos em relação à escolha dos temas de cunho religioso – elementos da cosmologia celta – presentes nas imagens monetárias; além disso, deviam interceder na representação das imagens e nomes dos aristocratas no numerário celta.

As assembleias eram eventos cruciais nos quais a influência política dos druidas devia atingir um dos seus momentos mais altos. Tais reuniões, de caráter religioso e político, seriam fundamentais para a sociedade e provavelmente sacrifícios públicos seriam realizados nessas ocasiões. Certos recintos dos ópidos, interpretados como espaços públicos, poderiam ter sido palco para tais reuniões.

Eles eram os guardiões da tradição da sociedade e, por esse motivo, detentores de grande respeito. Também eram responsáveis por uma grande gama de saberes que, articulados, permitiam ao grupo exercer grande influência em muitos campos da sociedade. Na verdade, eram os responsáveis pelo equilíbrio cósmico do mundo, na medida em que os rituais eram necessariamente presididos por eles. Manter esse equilíbrio seria a sua grande atribuição, por intermédio dos seus conhecimentos sobre a tradição celta, do seu privilégio da comunicação com as divindades, do controle exclusivo dos rituais e mesmo por sua atuação na esfera política.

Assim, não devemos vê-los por meio de clichês – por exemplo, como um grupo de sacerdotes retirados para as florestas e ausentes dos eventos da sociedade celta. Na verdade, eles estavam atuantes e certamente muitos dos aristocratas citados por César eram membros desse grupo. Dessa forma, deve-se perceber os druidas como elementos importantes para a compreensão da sociedade celta. Como vimos, eles detinham funções religiosas com forte caráter político e as funções judiciárias se articulavam com essas função. Nesse aspecto, eles julgavam os criminosos e determinavam suas penas – inclusive, se necessário, os sentenciavam ao sacrifício humano. As contendas entre os clãs e mesmo entre povos passavam pelo seu crivo. Provavelmente, anunciavam que possuíam conhecimentos sobre a natureza e proclamavam que podiam prever o futuro, como teria feito Diviciaco. Uma vez que eram acreditados por possuir tais habilidades, seriam detentores de um imenso prestígio e a população os consultaria para quase todas as questões da sociedade.

A relativa homogeneidade dos motivos da arte religiosa no mundo celta deve ter sido principalmente obra deles. Em uma sociedade heterogênea, eles deviam representar, entre alguns povos, um elemento de agregação religiosa e, em certa medida, cultural.

Durante a ocupação romana, muitos membros desse grupo desempenharam papéis relevantes – sem se nomear como druidas – por meio da negociação do seu *status* e identidade com a ordem romana. A cidadania romana e a perspectiva de participação em elevados cargos na vida pública provincial teriam sido atrativos para muitos desses homens no início do principado.

Contudo, muitos druidas também estimularam à resistência aberta frente à nova ordem, principalmente nas rebeliões do século I d.C. na Gália e na Britânia. O culto público celta, principalmente o do sacrifício humano, teria sido incompatível com os ideais romanos. As transformações decorrentes da administração romana foram determinantes para o esvaecimento do prestígio desse grupo. Na verdade, eles desaparecem por não haver espaço dentro da ordem romana.

Em suma, todas essas funções faziam dos druidas legítimas autoridades político-religiosas na antiga sociedade celta, particularmente no final da Idade do Ferro. Eles não eram sacerdotes reclusos nas florestas sombrias da Europa, mas legítimos guardiões da rica tradição dos celtas e protagonistas da evolução dessa sociedade.

SEGUNDA PARTE:
ELEMENTOS DO DOSSIÊ E ESTADO DA QUESTÃO

FONTES CLÁSSICAS

As fontes clássicas correspondem a um conjunto de textos escritos por autores de língua grega ou latina que contém informações acerca dos povos celtas, particularmente em relação àqueles da Gália. Os textos são de extrema valia, porém devem ser lidos com cautela, uma vez que o seu conteúdo não raro apresenta generalizações e distorções. Em certos casos são relatos em situações de conflito, como as guerras registradas por César. Há também casos de textos escritos muito tempo após os eventos neles narrados. Porém, sem esses escritos seria muito difícil reconstruir a história desses povos, porque a transmissão entre os celtas era de cunho eminentemente oral. Os comentários ocupam-se em informar sobre conflitos entre celtas e gregos ou entre celtas e romanos, costumes, geografia dos territórios ocupados etc. Muitas vezes, há preferência por costumes considerados incivilizados como os sacrifícios humanos, transformados em uma espécie de "marca" dos bárbaros celtas da Gália em particular.

No que tange aos druidas, os relatos apresentam problemas como generalizações que afirmam, por exemplo, que esse grupo estava presente em toda a Gália; ou a omissão, por parte de César, certamente deliberada, de que Diviciaco fosse um druida. É provável que o papel desse grupo na sociedade celta, particularmente devido às funções de ordem política, parecesse estranho para os autores clássicos, principalmente porque eram considerados povos bárbaros. Outra questão diz respeito às repetições: algumas passagens parecem "cópias" de autores mais antigos.

AUTOR	TERMO USADO	OBRA/REFERÊNCIA	REDAÇÃO
Posidônio, filósofo grego	druida, bardo, vate	*Histórias* (Fragmentos em Diodoro, Estrabão, Ateneu etc.)	~90 a.C.
César, general e político romano	druida	*A Guerra das Gálias* VI, 13-18; 21	52/51 a.C.
Cícero, orador e político romano	druida	*Sobre a Adivinhação* XL, 89; XLI, 90	44 a.C.
Diodoro Sículo, historiador grego	druida, bardo, vate	*Biblioteca Histórica* V, 31	~30 a.C.
Estrabão, geógrafo grego	druida, bardo, vate	*Geografia* IV, 4	18 d.C.
Pompônio Mela, geógrafo latino	druida	*De situ orbis* III, 3, 18	~43 d.C.
Lucano, poeta romano	druida	*Farsália* I, 448-463	~60 d.C.
Plínio, o Velho naturalista, político romano	druida	*História Natural* XVI, 249; XXIV, 103-104; XXIX, 12	~década de 70 d.C.
Dio Crisóstomo, filósofo grego	druida	*Discursos* XXXII, 49	~100 d.C.
Tácito, historiador romano	druida	*Histórias* IV, 54 *Anais* XIV, 30	~100-120 d.C.

Suetônio, historiador romano	druida	*Vida dos Doze Césares – Cláudio* XXV, 13	~120 d.C.
Diógenes Laércio, historiador grego	druida	*Vida e Doutrina dos Filósofos Célebres* I Prólogo 1; I Prólogo 6	1ª metade III d.C.
Hipólito, teólogo cristão grego	druida	*Refutação de Todas as Heresias* I, 25	1ª metade III d.C.
Ateneu, copista grego	bardo	*Banquete dos Sofistas* VI, 49	1ª metade III d.C.
Vopisco, historiador latino	druidesa	*História Augusta, Numeriano* XIV	IV d.C.
Amiano Marcelino, historiador latino	druida, bardo, *eubage*	*História* XV, 9	2ª metade IV d.C.
Ausônio, poeta latino	druida	*Em Memória aos Professores de Burdigala*, IV: X	2ª metade IV d.C.

A seguir, estão elencadas algumas das principais fontes clássicas que discorrem sobre os druidas. Abaixo de cada subtítulo, especifica-se os termos com os quais cada autor referiu-se aos druidas. As traduções para o português foram feitas a partir dos textos em inglês e francês, indicados nas Referências Bibliográficas e na obra *The Druids or a Study in Celtic Prehistory*, de Thomas Downing Kendrick, que além de suas traduções para o inglês, traz também, no Apêndice, os trechos originais em grego ou latim.

Júlio César

O político e general romano escreveu por volta de 52-51 a.C., e usava o termo "druida".

> Em toda a Gália há duas classes de pessoas que são consideradas com dignidade. Pois o povo comum quase é tido no lugar de escravos, nada ousa por si, a nenhum conselho é admitido e

não é consultado por ninguém. A maior parte deles oprimidos como são por dívidas ou pelo peso dos impostos, ou pela injustiça dos mais poderosos, colocam-se em escravidão aos nobres, que têm sobre eles os mesmos direitos que os senhores sobre os escravos. Quanto a essas duas classes mencionadas, uma é a dos druidas a outra é a dos cavaleiros. Os primeiros se ocupam das coisas divinas, execução dos sacrifícios públicos e privados e a interpretação dos assuntos religiosos. Um grande número de jovens vem se instruir em torno deles; e eles são objeto de grande admiração. Na verdade, são eles que decidem acerca de quase todas as contestações públicas e privadas; se é cometido um crime, se houve um assassinato; se há questões acerca de heranças ou limites, são eles que decidem, que fixam as recompensas e as penas. Se uma pessoa ou povo não aceita seus veredictos, eles os interditam dos sacrifícios; que é para eles a pena mais grave de todas. Aqueles que recebem essa interdição são tidos como ímpios e criminosos; e as pessoas evitam aproximação e conversa por medo de receber o mesmo dano pelo contato; e eles não podem demandar justiça e perdem sua honra. De todos esses druidas um é líder, que tem a máxima autoridade sobre eles. Com a sua morte, outro que tenha proeminência é escolhido para sucedê-lo, ou se muitos são dignos da posição, eles submetem-se ao voto dos druidas, ou às vezes mesmo pelas armas. Esses druidas, a uma data fixa do ano, se reúnem em um local nas fronteiras dos carnutos que é considerado como o centro de toda a Gália, situado em local consagrado. Para lá, de todas as partes, reúnem-se aqueles que têm disputas e obedecem às decisões e aos julgamentos dos druidas. Acredita-se que sua doutrina foi descoberta na Britânia e de lá foi difundida na Gália; e ainda em nossos dias aqueles que querem conhecê-la com mais fundamento, normalmente vão até lá para se instruírem (*A Guerra das Gálias*, VI, 13).

Os druidas geralmente mantêm-se isentos da guerra, e não pagam taxas como o resto da população; eles são isentos do serviço militar como de todos os encargos. Atraídos por essas grandes vantagens, muitos jovens vêm por sua própria vontade se juntar a eles para receber treinamento; muitos são enviados por seus pais e parentes. Dizem que nas escolas dos druidas eles aprendem de cor um grande número de versos, e alguns permanecem vinte anos em treinamento. Eles pensam não ser permitido submeter a doutrina à escrita, embora para todas as outras questões, em seus negócios públicos e privados, eles utilizam caracteres gregos. Eu acredito que eles devem ter adotado essa prática por duas razões: eles não desejam os ensinamentos na posse das pessoas comuns, e nem que aqueles que aprendem negligenciem o cultivo da memória em prol da escrita, o que geralmente acontece devido à assistência da escrita, o estudante tende a relaxar o cuidado da memória. O principal de sua doutrina é persuadir que as almas não morrem jamais, mas passam após a morte de um corpo para um outro; essa crença parece própria para suprimir a crença na morte, e é um grande incentivo à coragem. Além disso, eles têm muitas discussões sobre os astros e os seus movimentos, o tamanho do universo e da terra, a natureza das coisas, o poder dos deuses imortais, e transmitem sua doutrina aos jovens (Ibidem, VI, 14).

Todos os povos gauleses são muito devotados às práticas religiosas, e por essa razão aqueles que são acometidos das doenças mais graves e aqueles que se envolvem em perigo nas batalhas também sacrificam vítimas humanas ou prometem sacrificá-las. Eles empregam os druidas como ministros de tais sacrifícios. Acreditam, com efeito, que a menos que uma vida humana por outra vida humana seja oferecida, a potência dos deuses imortais não será apaziguada; e no público, como no privado, eles instituem sacrifícios deste tipo. Outros utilizam imensos simulacros de vime, em cujos membros feitos de galhos, enchem de homens vivos e põem fogo em tudo e as pessoas perecem cercadas de chamas. Eles acreditam que a execução daqueles que foram apanhados no ato de furto, roubo ou algum crime são os mais agradáveis aos deuses imortais, mas quando faltam estes, recorrem à execução dos inocentes (Ibidem, VI, 16).

Os gauleses afirmam ser descendentes de um pai comum, *Dis*, e dizem que isso é uma tradição dos druidas. Por essa razão eles determinam todos os períodos de tempo não pelo número de dias, mas pelo das noites; e os seus aniversários de nascimento, o início dos meses e dos anos são contados fazendo os dias seguirem as noites (Ibidem, VI, 18).

Os germanos diferem muito em relação aos seus costumes. Eles não possuem druidas para regular o culto aos deuses, nem zelo pelos sacrifícios (Ibidem, VI, 21).

Cícero

O orador e político romano escreveu em 44 a.C. e usava o termo "druida".

Este sistema de adivinhações não é negligenciado entre os bárbaros, pois que a Gália tem os seus druidas: e eu conheci o éduo Diviciaco, teu hóspede e admirador, que declarou ser conhecedor das ciências da natureza, que os gregos chamam de *physiologia*, e que podia prever o futuro tantos pelos augúrios como pela conjectura (*Sobre a Adivinhação*, I, 41, 90).

Diodoro Sículo

O historiador grego escreveu sua obra aproximadamente em 30 a.C., e usava os termos "druida", "bardo" e "vate".

Entre eles também podem ser achados poetas líricos que eles chamam bardos. Estes homens cantam acompanhados de instrumentos como as liras e suas canções são de louvores ou de sátiras. Filósofos, como podemos chamá-los, e homens versados em assuntos religiosos extraordinariamente honrados entre eles e chamados por eles de druidas. Os gauleses também fazem uso de adivinhos, que são dignos de grande aprovação, e esses homens predizem o futuro pela observação do voo ou canto dos pássaros e pelo abate de animais sagrados, e a população é subserviente a eles. Eles também possuem um costume surpreendente e inacreditável, que dão atenção e grande interesse; em certos casos eles oferecem um homem à morte e o matam com um golpe de adaga acima do diafragma e, quando a vítima golpeada cai, fazem predições sobre o futuro observando sua queda e o agitar dos membros bem como o escorrer do sangue;

essas observações são praticadas a longo tempo. É costume entre eles que ninguém pode realizar um sacrifício sem um "filósofo"; dizem que é necessário oferecer oferendas de ação de graças aos deuses por intermédio desses homens que conhecem a natureza divina e falam, por assim dizer, a língua dos deuses; também se acredita que é somente através da mediação desses homens que as graças serão atendidas. Não somente em tempos de paz, mas também nas guerras, eles obedecem, antes de todos, esses homens e seus poetas cantores, e tal obediência é observada não apenas pelos amigos, mas também pelos inimigos; muitas vezes, quando as batalhas estão prestes a ocorrer, e dois exércitos se aproximam um do outro, as espadas desembainhadas, as lanças apontadas, esses homens se colocam entre eles e os detém como se fosse um encantamento sobre certos tipos de bestas selvagens. Assim, mesmo entre os mais selvagens bárbaros, a paixão recua diante da sabedoria e Ares respeita as Musas (*Biblioteca Histórica*, v, 31).

Estrabão

O historiador e geógrafo grego usava os termos "druida", "bardo" e "vate", e escreveu em 18 d.C.

Entre todos os povos gauleses, de maneira geral, três classes de homens gozam de honra excepcional: os bardos, os vates e os druidas. Os bardos são cantores sagrados e poetas, os vates assumem os ofícios sagrados e praticam as ciências da natureza, os druidas, igualmente versados nas ciências da natureza, se consagram a parte moral da filosofia. Estes últimos são considerados os mais justos dos homens e são confiados a sua atenção os julgamentos dos conflitos privados e públicos. Antigamente eles arbitravam as guerras e separavam aqueles que estavam a ponto de se colocar em ordem de batalha; eles sobretudo eram solicitados para as questões de julgamento envolvendo assassinatos. Quando há abundância destes últimos, eles estimam que seja sinal de prosperidade para a sua região. Eles afirmam – e outros os seguem – que as almas e o universo são indestrutíveis, mas chegará um dia em que o fogo e a água prevalecerão sobre eles (*Geografia*, IV, 4).

Eles embalsamam em óleo de cedro as cabeças dos inimigos ilustres para mostrá-las aos estrangeiros e recusam a se desfazer delas mesmo ao preço de um resgate ao peso equivalente em ouro. Foram os romanos que colocaram fim a esses costumes, assim como a todas as práticas de sacrifício e de adivinhação contrárias aos nossos costumes, pois eles observavam os presságios por meio das convulsões de um homem, designado como vítima, que eles golpeavam nas costas com uma espada. Eles jamais sacrificavam sem que um druida estivesse presente. Sabe-se também de outras formas de sacrifícios humanos entre eles: por exemplo, matam certas vítimas com flechas, ou os crucificam nos templos, ou ainda confeccionavam uma efígie gigante de palha e de madeira e, após enchê-la de gado e animais selvagens de todo gênero e de homens, fazem então um holocausto (Ibidem, IV, 5).

Pompônio Mela

O geógrafo romano escreveu por volta de 43 d.C. e usava apenas o termo "druida".

Restam ainda vestígios desses costumes atrozes e não mais praticados, e, embora eles se abstenham de fazer estas matanças, ainda continuam a retirar um pouco de sangue das vítimas conduzidas ao altar. Eles têm, entretanto, sua própria qualidade para a eloquência, e professores de sabedoria chamados druidas. Estes professam saber as dimensões e a forma do mundo, os movimentos do céu e dos astros e o que desejam os deuses. Eles ensinam muitas coisas aos nobres da Gália numa instrução que dura vinte anos em segredo numa caverna ou em vales afastados. Um dos ensinamentos que se difundiu é que as almas são imortais e que há outra vida nos mundos inferiores, isso tem sido permitido porque torna a multidão pronta para a guerra. É por isso também que eles queimam ou enterram com os mortos tudo que era importante para eles na vida, e antigamente mesmo eles buscavam adiar a conclusão dos negócios e relações de dívidas até sua chegada no outro mundo. E havia aqueles que, de boa vontade, se jogavam às fogueiras dos funerais dos seus parentes, como se quisessem dividir uma nova vida com eles (*De situs orbis*, III, 2, 18-19).

Lucano

O poeta romano escreveu aproximadamente em 60 d.C. e usava o termo "druida".

> E vocês, druidas, agora que o choque das batalhas cessou, mais uma vez vocês retornaram às suas cerimônias bárbaras e o costume selvagem de rituais sagrados. A vocês somente é dado conhecer a verdade sobre os deuses e as divindades do céu, ou a vocês somente serem ignorantes nessa verdade. Os mais secretos bosques das florestas afastadas são as suas moradias. E são vocês que dizem que as sombras dos mortos não buscam as silenciosas terras do Erebus e os pálidos reinos de Plutão; antes, vocês dizem que o mesmo espírito possui um corpo outra vez em outro lugar, e que a morte, se o que vocês cantam é verdade, é o meio de uma longa vida (*Farsália*, I, 450-458).

Plínio, o Velho

O "naturalista" e político romano escreveu na década de 70 d.C. e usava também o termo "druida".

> Não vamos esquecer a este propósito a admiração dos gauleses (pela planta). Os druidas – é o nome que eles dão aos seus magos – não têm nada de mais sagrado do que o visco e a árvore que o porta, contanto que seja um carvalho. O carvalho é por si mesmo a árvore que eles escolhem para as suas florestas sagradas, e eles não realizam nenhuma cerimônia religiosa sem sua folhagem, tanto que a etimologia do seu nome de druidas poderia passar por grega. É um fato que eles veem tudo que pousa sobre essas árvores como enviado do céu, e nisso veem um sinal da eleição da árvore pelo próprio deus. Encontra-se muito raramente o visco (do carvalho) e, quando é descoberto, colhem-no com grande pompa religiosa; isso deve se dar antes de tudo no sexto dia da lua, que marca para eles o início dos meses, anos e dos séculos, que duram trinta anos, dia escolhido porque a lua já tem toda a sua força sem estar no meio do seu curso. Eles o chamam em sua língua "aquilo que cura tudo".

Eles preparam segundo os ritos, ao pé da árvore, um sacrifício e um festim religioso e conduzem dois touros brancos cujos chifres são agora amarrados pela primeira vez. Um sacerdote, vestido de branco, sobe na árvore, corta o visco com uma foice de ouro e o recolhe em um manto branco. Eles imolam então as vítimas, rezando ao deus para que a sua oferta seja propícia para aqueles aos quais eles trataram. Eles creem que o visco, tomado como bebida, dá fecundidade a todo animal estéril, que é um remédio contra todos os venenos. Tantos povos depositam o ordinário da religião em objetos frívolos! (*História Natural*, XVI, 249-251)

Similar a sabina é a planta chamada *selago*. Ela é colhida sem uso do ferro e passando a mão direita através da manga esquerda da túnica, como se fosse um ato de cometer roubo. A roupa deve ser branca, os pés lavados e descalços e uma oferenda de vinho e pão deve ser feita antes da coleta. Os druidas da Gália dizem que a planta pode servir como um encantamento contra todo tipo de mal, e que a fumaça da planta é boa remédio para as doenças dos olhos.
[...]
Os druidas também utilizam certa planta dos pântanos que eles chamam *samolus*, ela deve ser colhida com a mão esquerda, quando em jejum, e é um encantamento contra as doenças do gado. Mas o coletor não deve olhar para trás, nem depositar a planta em qualquer lugar, exceto onde se conservam as bebidas (Ibidem, XXIV, 103-104).

Existe uma outra espécie de ovo de grande renome nas Gálias e do qual os gregos não falam. As serpentes se entrelaçam em grande número; com sua baba e a espuma dos seus corpos formam um tipo de bola chamada *urinum*. Os druidas dizem que este tipo de ovo é projetado no ar pelo sibilar das serpentes, e que se deve colhê-lo em um manto sem deixar tocar a terra; e aquele que o agarrou deve tomar um cavalo, senão as serpentes o perseguiram até que elas sejam detidas pelo obstáculo de um rio; a prova para reconhecer esse ovo é que ele flutue contra a corrente, mesmo que ele esteja ligado ao ouro. E é com essa engenhosidade que eles pretendem esconder os mistérios de suas mentiras; os magos pretendem que seja colhido em certa lua, como se eles dependessem da vontade humana de fazer coincidir com essa lua a atividade das serpentes. Eu vi o ovo: ele é da grossura de uma maçã redonda média, e sobre a casca há várias cúpulas cartilaginosas semelhantes aquelas dos braços dos polvos. Os druidas se vangloriam muito do maravilhoso poder para fazer ganhar nos processos e por facilitar o acesso junto aos soberanos, mas é uma grande impostura que um cavaleiro romano dos vocôncios que, ao curso de um processo, ao portá-lo no seu peito, tenha sido condenado à morte pelo imperador Cláudio sem outro motivo que eu saiba. Portanto, esses enlaçamentos das serpentes e sua união fecunda parecem ser a razão que determina às nações estrangeiras portar, em sinal de paz, o caduceu da imagem das serpentes; é um uso, com efeito, que as serpentes do caduceu não tenham crista (Ibidem, XXIX, 52-54).

As Gálias, em todo caso, estavam também possuídas pela magia, mesmo até os nossos dias. Foi somente, com efeito, sob o principado do imperador Tibério que suprimiu os druidas e todo tipo de profetas e médicos. Devemos evocar estas interdições acerca de uma arte que atravessou o oceano e penetrou até os lugares onde a natureza é mais que desolada? Ainda hoje a Britânia delirante pratica tais cerimônias que poderiam ter sido dadas aos persas. Assim, por todo mundo, se bem que discordem entre si e se ignorem, [os povos] estão de acordo com essa doutrina, e ainda não seria suficiente estimar nossa dívida com os romanos por terem abolido essas monstruosidades entre as quais matar um homem é um ato muito religioso, e o comer, uma prática também muito salutar (Ibidem, XXX, 4).

Dio Chrisóstomo

O filósofo grego escreveu em cerca de 100 d.C. e usava o termo "druida".

> Os persas, eu penso, têm homens chamados magos…, os egípcios, seus sacerdotes…, e os indianos, seus Brâmanes. Por outro lado, os celtas têm homens chamados druidas, que

tratam de adivinhação e de todo tipo de conhecimento. E sem o seu conselho mesmo reis não ousavam tomar uma decisão ou executar qualquer ação, então na verdade eram eles que governavam, enquanto os reis, que sentavam em tronos de ouro e banqueteavam-se suntuosamente em seus palácios, tornaram-se meros ministros da vontade dos druidas (*Discursos*, XXXII, 49).

Tácito

O historiador romano usava o termo "druida" e escreveu suas obras entre 100 d.C. e 120 d.C., aproximadamente.

Na margem estava o exército inimigo em ordem cerrada de guerreiros armados, enquanto entre as fileiras mulheres vestidas de preto como as Fúrias, com os cabelos desgrenhados, brandindo tochas. Em torno delas os druidas, erguendo as mãos para o céu lançando terríveis imprecações, amedrontando nossos soldados pela cena estranha, de forma que seus membros ficaram paralisados, sem ação e expostos às feridas. Então, exaltados pelo apelo do general e por encorajamento mútuo de não ceder diante de uma tropa de mulheres enlouquecidas, eles tomaram os estandartes adiante e derrotaram toda a resistência; envolveram os inimigos nas próprias chamas das suas tochas. O exército a seguir se impôs sobre os conquistados, e suas florestas, devotadas a superstições inumanas, foram destruídas. Eles consideravam isso como uma obrigação de cobrir os seus altares com o sangue dos cativos e consultar suas divindades através das entranhas humanas (*Anais*, XIV, 30).

Os gauleses, eles se lembram, tinham tomado a cidade em tempos passados, mas a moradia de Júpiter ficou ilesa, o império tinha sobrevivido; apesar disso, agora os druidas declaravam, com discursos proféticos de vã superstição, que o incêndio fatal (do Capitólio) era um sinal de ira do céu, e que pressagiavam o império universal para os povos transalpinos (*Histórias*, IV, 54).

Suetônio

O historiador romano escreveu por volta de 120 d.C. e utilizava o termo "druida".

> Ele (o imperador Cláudio) aboliu completamente a religião bárbara e desumana dos druidas na Gália, a qual no tempo de Augusto havia sido proibida aos cidadãos romanos (*Vida dos Doze Césares*, XXV, 13).

Diógenes Laércio

O historiador grego escreveu sua obra no século III d.C. e também usava o termo "druida".

> Alguns dizem que o estudo da filosofia teria origem entre os bárbaros. Pois que os persas têm os seus magos; os babilônios ou assírios, os caldeus; os indianos, seus gimnosofistas, enquanto os celtas e os gálatas tinham videntes chamados druidas e *semnothei*, ou assim Aristóteles diz em "Magia", e "Sotion" no livro 23 do seu *Sucessão dos Filósofos* (*Vida e Doutrina dos ilósofos Célebres*, Livro I, Prólogo 1).

> Aqueles que pensam que a filosofia é uma invenção dos bárbaros explicam que esse sistema prevalecia entre esses povos. Eles dizem que os gimnosofistas e os druidas fazem os seus pronunciamentos com sentido de enigmas e ditos obscuros, ensinando que se deve adorar os deuses, não praticar o mal e comporta-se com bravura (Ibidem, Livro I, Prólogo 6).

Amiano Marcelino

O historiador romano escreveu na segunda metade do século IV d.C. e usava vários termos: "druida", "bardo" e "*eubages*".

> De acordo com os druidas, uma parte da população (da Gália) era indígena, mas parte da população veio de ilhas longínquas

e de terras além do Reno, expulsos de suas moradias pela frequência das guerras e pela invasão do mar (*História*, ix, 4).

Nessas regiões, como o povo gradualmente se civiliza, o gosto pelas artes nobres tornou-se comum, um estudo introduzido pelos bardos, os *eubages* e os druidas. Era costume dos bardos celebrarem os feitos corajosos dos seus homens famosos em verso épico acompanhados com doces toques da lira, enquanto os *eubages* esforçavam-se em explicar os grandes mistérios da natureza. Entre eles há os druidas, homens de grande talento, membros da confraria fechada da crença de Pitágoras; eles eram exaltados por investigações sobre coisas secretas e sublimes, e com grande desprezo pelo destino mortal, eles professam a imortalidade da alma (Ibidem, xv, 9).

Ausônio

O poeta latino escreveu na segunda metade do século iv d.C. e usava o termo "druida".

Embora mais idoso que os precedentes, Patera, ilustre orador, pois você floresceu nesses últimos tempos, e que, jovem, eu te vi idoso, tu receberás a homenagem do meu canto fúnebre, ó mestre dos grandes retores. Oriundo de uma família druídica de Bayeux, se é necessário acreditar na reputação, tu tiras tua origem sagrada do templo de Belenus; de lá teu nome, esse de Patera; assim os iniciados nomeiam os servidores de Apolo (*Em Memória dos Professores de Burdigala*, iv).

Eu não omitirei o idoso chamado de Febícius em atividade no templo de Belenus, de onde não relatou nenhum lucro; mas oriundo, como declaram, de família druídica, do povo armoricano, ele obteve em Bordeaux uma cadeira graças ao apoio dos seus filhos (Ibidem, x).

QUESTÕES SOBRE OS DRUIDAS

Os druidas são objeto de inúmeros clichês dos autores antigos, mas também há os clichês modernos. Tomemos como exemplo paradigmático a coleta do visco (*Viscum album*) relatada por Plínio, o Velho. Segundo o relato, um homem vestido de branco, um druida, sobe em um carvalho e com uma foice de ouro colhe a planta. Embaixo da árvore, outros druidas aguardam para recolher o visco. Após a coleta, ocorria um festim com o sacrifício de dois touros brancos[1]. Vários pontos podem desqualificar o relato do autor romano. A redação de *História Natural* deu-se na segunda metade do século I d.C., quando os druidas já estariam em adiantado declínio; Plínio, o Velho, seguiu sua carreira em duas províncias romanas, no sul da Gália (Gália Narbonense) e norte da Gália (Gália Bélgica)[2], mas provavelmente não presenciou o ritual e talvez relatasse a partir dos textos de Posidônio ou de informações orais; o relato está fora de contexto, pois

1 *História Natural*, XVI.
2 D. Rankin, *Celts and the Classical World,* p. 291.

Plínio não informa o porquê da escolha dessa planta e qual o objetivo do ritual. Dessa forma, qual a veracidade de tal narrativa? Entretanto, isso não implica que um ritual como esse não acontecesse, pois, recentemente tem sido apontada a importância da representação do visco na arte celta. Além disso, como vimos, foram encontrados resíduos da planta no estômago do cadáver de um homem, localizado em um pântano no Reino Unido (Homem de Lindow), datado do final da Idade do Ferro, o que pode significar que a planta fosse usada em algum ritual.

Um clichê moderno – hoje menos disseminado – seria o equívoco de acreditar que o estudo dos druidas não é um tema sério. Assim, é comum obras com centenas de páginas sobre os celtas, ou a religião celta da Idade do Ferro, ou durante a administração romana e a menção aos druidas limitar-se à evocação dos relatos clássicos, notadamente de César, e a oposição do grupo a Roma. Em geral, os druidas só são extensivamente abordados quando a obra trata formalmente desse tema.

Hoje, há o reconhecimento de que os druidas detinham prerrogativas políticas, todavia, ainda há a tendência em vê--los apenas como sacerdotes. Na verdade, seu papel político já havia sido afirmado por autores antigos. Dessa forma, os clichês elaborados sobre certas passagens dos relatos antigos sedimentaram-se de tal forma que se construiu um "padrão" sobre o que eram os druidas. Contudo, interpretações que apresentem esse grupo ativo na dinâmica da sociedade celta, com papel político e religioso, às vezes são vistas com desconfiança. Mas isso se dá em parte por ser um tema que não é respaldado em provas materiais claras.

Então, onde podemos encontrar os druidas? Se artefatos interpretados por sua função de cunho religioso, como o caso das pateras (espécie de prato para libações, oferta de líquidos) ou colheres para libações, são encontrados em um túmulo – em regiões onde os druidas teriam atuado – levanta-se a hipótese de se tratar da sepultura de um sacerdote, logo, um druida, possivelmente. Mas, quando se trata de artefatos como espadas, escudos, ou seja, armamento, a interpretação costuma ser outra. Pois, convencionou-se que eles não atuavam nas guerras, como relatou César. Mesmo que essa afirmação fosse fidedigna, e talvez não seja o caso, não significa que eles não pudessem portar armas. O porte de uma espada[3] era também uma forma de exibir *status*, e os aristocratas, inclusive druidas, não se privariam disso.

Como as funções dos druidas abarcavam inúmeras atividades da sociedade, como seria possível identificá-los à luz da cultura material? Não há provas materiais que comprovem de forma inquestionável a presença deles, da maneira como os autores clássicos afirmam. Na verdade, os druidas são conhecidos apenas pelos textos, e o vocábulo é sempre utilizado no plural. Não há, na epigrafia, menção sobre esse grupo e, no caso da iconografia, as imagens que poderiam ser identificadas como druídicas são questionáveis por não conterem um texto.

As questões referentes aos estudos sobre os celtas costumam se estender para a abordagem aos druidas. Se admitirmos que os celtas constituíam um mosaico de povos, haveria um grupo dominante coeso em toda a extensão do mundo celta? Em outras palavras, esse grupo estava presente em todos os territórios de falantes de línguas celtas? Além disso, em uma sociedade eminentemente oral haveria uma uniformidade das crenças e do culto administrado pelos druidas? Também devemos ter em conta que a sociedade celta não era estática. Certamente, os druidas igualmente acompanhavam ou mesmo eram os protagonistas das mudanças. Então, devemos também considerar que o contexto regional era diferente para eles? Ou seja, os druidas do centro e sul da Gália estavam em maior contato com comerciantes romanos antes da conquista

---

3 V. Kruta, *Les Celtes*, p. 601-602. As espadas do final do Período Lateniano atingiam 90cm de lâmina.

e exerciam a sua autoridade nesse contexto, enquanto que no sul da Britânia os contatos com esses comerciantes só se intensificariam mais tarde.

Outro ponto relevante é que praticamente não temos conhecimento da cosmologia celta. Assim, temos um conhecimento limitado sobre a concepção que os druidas tinham do mundo que os cercava e do mundo sobrenatural. As passagens dos autores clássicos são superficiais. Temos um *corpus* de nomes de divindades oriundas da epigrafia do período romano ou de textos, mas pouco se sabe sobre o universo desses deuses. Além disso, a identificação dessas divindades também não é simples.

Os sacrifícios humanos constituem outro tema que apresenta controvérsias. Na maioria das vezes, os textos antigos relacionam tais práticas com esse grupo. Entretanto, a interpretação do sacrifício humano costuma requerer cautela.

Se definir os druidas era delicado para os autores antigos, mais ainda o é para os autores modernos. Hoje, quando não se usa o termo sacerdote, usam-se "sacerdotes-filósofos", "filósofos", "sacerdotes-juízes" etc. Talvez o termo na sua origem, "druidas", seja proveitoso para defini-los: "os grandes sábios" ou "os grandes sábios da árvore".

EVIDÊNCIAS MATERIAIS?

No friso sul da *Ara Pacis*, um monumento construído em Roma no principado do imperador Augusto (27 a.C.-14 d.C.), estão esculpidas as imagens de sacerdotes romanos, flâmines, cuja representação é congruente com as fontes. Esses sacerdotes ostentam capuzes com ramos de oliveira (*apex*). Assim, é verossímil identificá-los como flâmines[1]. Além disso, o monumento tem conotação religiosa, fato que endossa tal interpretação. A representação desses sacerdotes na *Ara Pacis* pode ser interpretada como um indício da sua existência nas fontes.

Não há nada dessa natureza que possa ser articulado com os druidas. Não há qualquer representação que possa ser interpretada, incontestavelmente, como a imagem de um membro desse grupo. As raras imagens susceptíveis de tal interpretação são questionáveis. Destacaremos como exemplo, uma estatueta encontrada em um conjunto de artefatos

---

[1] M. Beard; J. North; S. Price, *Religions of Rome*, p. 19.

em Neuvy-en-Sullias (Loiret, França), datada do final do século I a.C., e que poderia representar um druida[2]. Trata-se da estatueta de um homem com uma túnica longa, segurando um objeto em forma esférica, que costuma ser interpretado como o "ovo de serpente", narrado por Plínio, o Velho, que provavelmente é parte do ouriço do mar[3]. Contudo, não podemos afirmar de forma categórica que se trata de um druida.

Todavia, alguns artefatos encontrados podem evocar a presença de um grupo de sacerdotes e podemos então ver a presença dos druidas. Miranda J. Green[4] relata sobre uma cobertura de bronze para a cabeça, semelhante a um toucado, encontrada em Deal (Kent, Reino Unido), do final do século II a.C. Esse artefato encontrava-se junto de restos humanos que foram enterrados com uma espada e deveria pertencer a um líder religioso. A presença de equipamento de guerra seria uma marca de prestígio. A autora evoca o papel de Diviciaco, que era druida, mas também membro de uma casa real.

Facas sacrificiais[5] foram encontradas embaixo da cabeça de porcos, em sepulturas como a de um guerreiro em Saint--Georges-lés-Ballargeaux (Vienne, França), no final da Idade do Ferro na Gália, e podem indicar uso em rituais, ou seja, provavelmente foram instrumentos de druidas.

---

2   M.J. Green, *Exploring the World of the Druids*, p. 58.
3   *História Natural*, XXIX, 52-54. Trata-se possivelmente do ouriço do mar (*Echinoidea*) sem os espinhos e tecidos moles, ou a "bola" de cápsulas de ovos de um tipo de caracol (*Buccinum undatum*). Esse objeto era usado como uma espécie de amuleto nos julgamentos. Ver também S. Piggot, *The Druids*, p. 117-118.
4   Op. cit., p. 60. Ver também M. Aldhouse-Green, *Caesar's Druids*, p. 202-204.
5   M.J. Green, op. cit., p. 161-163.

CONSIDERAÇÕES SOBRE A BIBLIOGRAFIA

As obras acerca dos druidas abordam as fontes clássicas, uma vez que o conhecimento sobre esse grupo deriva, principalmente, desses textos. Algumas obras inclusive as articulam com as fontes arqueológicas.

Alguns estudos recentes merecem destaque devido a sua abordagem. Entre eles, destacamos: *The Druids*, de 1966, de Nora Chadwick, que faz a abordagem das obras clássicas, incluindo um debate acerca do druida Diviciaco e de seu irmão Dumnorix; *The Druids*, de 1968, de Stuartt Piggott, que articula as fontes clássicas e arqueológicas; e *Les Druides*, de 1986, de Françoise Le Roux e Christian Guyonvarc'h, que articula as fontes clássicas com as fontes literárias irlandesas e galesas.

Entre as obras mais recentes, destacamos ainda *Les Druides: Des Philosophes chez lez Barbares* (Os Druidas: Os Filósofos dos Bárbaros), de 2006, de Jean-Louis Brunaux. E também *Caesar's Druids: Story of an Ancient Priesthood* (Os Druidas de César: História de um Antigo Sacerdócio), de 2010, de Miranda Aldhouse-Green, que dá uma contribuição importante sobre o reconhecimento da relevância do relato de César e o questionamento da ideia de o general não ter sido fidedigno. Além de abordar descobertas arqueológicas antigas e recentes, ambas as obras reconhecem os druidas como figuras ativas em vários campos da sociedade celta, e ambas articulam o papel do único druida histórico conhecido, Diviciaco, e seu lugar nos relatos de César, coisa que nem todas as obras fazem. Além dessas, outra obra que realiza uma síntese importante do assunto é *Druids: A Very Short Introduction* (Druidas: Uma Pequena Introdução), de 2010, escrita por Barry Cunliffe.

Os estudiosos modernos não podem ignorar os importantes relatos acerca de Diviciaco, em que pese César não tê-lo referido como druida, mas Cícero tê-lo identificado como tal. O avanço da pesquisa arqueológica também deve ser considerado, e alguns autores articulam a pesquisa com as fontes clássicas. As pesquisas acerca dos ópidos, particularmente na região da antiga Gália, devem também ser consideradas, pois, como vimos, os druidas se desenvolveram no contexto dessas aglomerações fortificadas. É necessário entender os druidas não como uma invenção dos autores antigos ou pelo olhar dos clichês modernos, mas buscar articular as fontes clássicas com a pesquisa arqueológica.

Dessa forma, não devemos avaliar os druidas como um mito ou como uma invenção dos autores antigos, ainda que tenham ocorrido exageros e distorções: a historiografia moderna pode encarar os druidas como uma realidade entre os antigos celtas.

BIBLIOGRAFIA

ALDHOUSE-GREEN, Miranda. *Caesar's Druids: Story of an Ancient Priesthood*. Yale: Yale University Press, 2010.
_____. *Dying for the Gods: Human Sacrifice in Iron Age & Roman Europe*. Gloucestershire: Tempus, 2002.
ALDHOUSE-GREEN, Miranda; ALDHOUSE-GREEN, Stephen. *The Quest of Shaman: Shape-Shifters, Sorcerers and Spirit-Healers of Ancient Europe*. London: Thames and Hudson, 2005.
ARISTÓTELES. *Ética a Nicômaco*. São Paulo: Abril, 1973. Coleção Os Pensadores, v. IV.
ATHENAEUS. *The Deipnosophistae*. In: KOCH, John T.; CAREY, John (eds.). *The Celtic Heroic Age: Literacy Sources for Ancient Celtic Europe & Early Ireland & Wales*. Celtic Studies Publications I. Tradução de P. Freeman. Oakville: Aberystwyth, 2005.
AUSONIUS, Descimus Magnus. En Mémoire des professeurs bordelaise. *Oeuvres en vers et en prose*. v.1. Tradução de M. Jasinski. Paris: Garnier, 1934-1935.
BATS, Michel. L'Acculturation et autres modèles de contacts em archéologie protohistorique européene. In: SZABÓ, Miklós (ed.). *Celtes et Gaulois: l'archeologie face à l'histoire. Les Civilisés et les barbares du V au II siècle avant J.-C.* Actes de la table ronde de Budapest, v. 12, n. 3, jun. 2005. Glux-en-Glenne: Centre Archeologique Européen, 2006.
BEARD, Mary; NORTH, John; PRICE, Simon. *Religions of Rome: A History*. v. 1. Cambridge: Cambridge University Press, 1998.
BERTIN, Georges; VERDIER, Paul. *Druides: Les Maîtres du temps, les prêtres et leur postérité*. Paris: Dervy, 2003.
BRUN, Patrice; RUBY, Pascal. *L'Âge du Fer en France: Premiers villes, premiers états celtiques*. Paris: La Découverte, 2008.

BRUNAUX, Jean-Louis. *Les Druides: Des philosophes chez les barbares*. Paris: Seuil, 2006.

_____. *Les Gaulois*. Paris: Les Belles Lettres, 2005.

_____. *Les Religions gauloises: V-I siécles av. J.-C.: Nouvelles approches sur les rituels celtiques de la Gaule indépendante*. Paris: Errance, 2000.

_____. *Guerre et religion en Gaule: Essai d'anthropologie celtique*. Paris: Errance, 2004.

BUCHSENSHUTZ, Olivier. *Les Celtes de l'âge du Fer*. Paris: Armand Colin, 2007.

CAMPOS, Luciana de. A Gênese da Matéria Arturiana: A Literatura Francesa do Século XII e os Mitos Celtas. *Brathair*, v. 7, n. 2, 2007. Disponível em: <http://ppg.revistas.uema.br/index.php/brathair>. Acesso em: 16 mai. 2012.

CÂNDIDO, Maria Regina. Magia: Um Lugar de Poder. *Phoînix*, ano 5, 1999.

CHADWICK, Nora. *The Druids*. Cardiff: Wales University Press, 1997.

CICÉRON. Plaidoyer pour M. Fonteius. *Discours*. Tome VII. Pour M. Fonteius, Pour A. Cécina, Sur les pouvoirs de Pompée. Tradução de A. Boulanger. Paris: Les Belles Lettres, 1929.

_____. *De la divination*. Tradução de J. Kany-Turpin. Paris: Flammarion, 2004.

CREIGHTON, John. *Coins and Power in Late Iron Age Britain*. Cambridge: Cambridge University Press, 2000.

CUNLIFFE, Barry W. *The Ancient Celts*. Oxford: Oxford University Press, 1997.

_____. *Iron Age Britain*. London: English Heritage, 2004.

_____. *Druids: A Very Short Introduction*. Oxford: Oxford University Press, 2010.

_____. *Greeks, Romans & Barbarians: Spheres of Interaction*. New York: Methuen, 1988.

_____ (ed.). The Impact of Rome on Barbarian Society: 140 BC-AD 300. *The Oxford Illustrated History of Prehistoric Europe*. Oxford: Oxford University Press, 2001.

DELAMARRE, Xavier. *Dictionnaire de la langue gauloise: Une Approche linguistique du vieux-celtique continental*. Paris: Errance, 2003.

DIODORUS SICULUS. *Library of History*. v. IV. Tradução de C.H. Oldfather. Cambridge: Harvard University Press, 2000.

ELLIS, Peter Berresford. *A Brief History of the Druids*. New York: Carroll & Graf, 2003.

FERDIÉRE, Alain. *Les Gaules: Provinces des Gaules et Germanies, Provinces Alpines*. Paris: Armand Colin, 2005.

FICHTL, Stephan. *La Ville celtique: Les Oppida de 150 av. J.-C. à 15 ap. J.-C.* Paris: Errance, 2005.

_____. *Les Peoples gaulois: III-I siècles av. J.-C.* Paris: Errance, 2004.

GOUDINEAU, Christian (org.). *Religion et société en Gaule*. Paris: Errance/Rhône Le Departement; 2006.

GREEN, Miranda J. *Celtic Art: Reading the Messages*. London: Everyman Art Library, 1996.

_____. *Exploring the World of the Druids*. London: Thames and Hudson, 1997.

_____. The Gods and the Supernatural. *The Celtic World*. London: Routledge, 1997.

GUICHARD, Vincent; PERRIN, Franck. (eds.). *L'Archéologue: Archéologie Nouvelle: Les Druides*. n. 2. Paris: Errance, 2000.

GUICHARD, Vincent; SIEVERS, Susanne; URBAN, Otto H. (eds.). *Les Processus d'urbanisation à l'âge du Fer*. Glux-en-Glenne: Centre archéologique européene du Mont Beuvray, 2000. Collection Bibracte 4.

GUYONVARC'H, Christian-J. *Magie, médicine et divination chez les Celtes*. Paris: Payot & Rivages, 1997.

_____. *La Razzia des vaches de Cooley*. Paris: Gallimard, 1994. (L'aube des peuples.)

GUYONVARC'H, Christian-J.; LE ROUX, Françoise. *Les Fêtes celtiques*. Rennes: Ouest-France, 1995.

_____. *Les Druides*. Rennes: Ouest-France, 1986.

HASELGROVE, Collin. (ed.). *Celtes et Gaulois l'archéologie face à l'Histoire: Les Mutations de la fin de l'âge du Fer*. Actes de la table ronde de Cambridge, v. 12, n. 4, jun. 7-8. Glux-en-Glenne: Centre Archeologique européene, 2006.

HINGLEY, Richard. *Globalizing Roman Culture: Unity, Diversity and Empire*. London: Routledge, 2005.

_____. Diversidade e Unidade Culturais: Império e Roma. In: GARRAFONI, Renata Senna; FUNARI, Pedro Paulo; PINTO, Renato. (orgs.). *O Imperialismo Romano: Novas Perspectivas a Partir da Bretanha*. São Paulo: Annablume, 2010.

JACQUES, François. Les Status des personnes et des communautés In: SCHEID, John; JACQUES, François. *Rome et l'integration de l'Empire. 44 av. J.-C. – 260 ap. J.-C. T. 1: Les Structures de l'Empire Romain.*Paris: PUF, 2002.

JULIUS CAESAR. *The Gallic War*. Tradução de H.J. Edwards. Cambridge: Harvard University Press, 2004.

KENDRICK, T.D. *Druids or a Study in Celtic Prehistory*. New York: R.V. Coleman, 2003.

KRUTA, Venceslas. *Les Celtes*. Paris: PUF, 2006.

_____. *Les Celtes: Histoire et dictionnaire: Des Origines à la romanization et au christianisme*. Paris: Robert Laffont, 2000.

KRUTA, Venceslas; BERTUZZI, Dario. *La Cruche celte de Brno: Chef-d'oeuvre de l'art Miroir de l'Univers*. Dijon: Faton, 2007.

LAMBERT, Pierre-Yves. *La Langue gauloise: Description linguistique, commentaire d'inscriptions choisies*. Paris: Errance, 2003.

LONIGAN, Paul R. *The Druids: Priests of the Ancient Celts*. Westport: Greenwood, 1997.

LUPI, João. Os Druidas: *Brathair*. v. 4, n. 1, 2004. Disponível em <http://ppg.revistas.uema.br/index.php/brathair>. Acesso em 06 fev. 2005.

MACKILLOP, James. *Dictionary of Celtic Mythology*. Oxford: Oxford University Press, 2000.

MOMIGLIANO, Arnaldo. *Os Limites da Helenização: A Interação Cultural das Civilizações Grega, Romana, Céltica, Judaica e Persa*. Rio de Janeiro: Jorge Zahar, 1991.

OLIVIERI, Filippo Lourenço. O *Samonios/Samain*: a Festa Celta que Abolia a Fronteira com o Outro Mundo. In: LESSA, Fábio de Souza; BUSTAMANTE, Regina Maria da Cunha (orgs.). *Memória & Festa*. Rio de Janeiro: Mauad, 2005.

_____. Os Celtas e os Cultos das Águas: Crenças e Rituais. *Brathair*, v. 6, n. 2, 2006. Disponível em <http://ppg.revistas.uema.br/index.php/brathair>. Acesso em: 2 abr. 2014.

_____. Os Espaços Públicos nos *Oppida* Celtas, na Gália do Final da Idade do Ferro: Qual o Lugar dos Druidas? *Phoînix*, Rio de Janeiro, v. 16, 2010.

PIGGOTT, Stuart. *The Druids*. London: Thames & Hudson, 1999.

PLINE, LE ANCIEN. *Histoire naturelle*. v. XXIX. Tradução de A. Ernout. Paris: Les Belles Letters, Collection des Universités de France, 2003.

_____. *Magie et pharmacopée*. Tradução de A. Ernout. Paris: Les Belles Lettres, 2003.

POUX, Matthieu; FEUGÈRE, Michel. Le Festin: Miroir privilégié des elites celtiques de Gaule indépendante. In: GUICHARD, Vincent; PERRIN, Franck. (eds.).

L'Aristocratie celte à la fin de l'âge du Fer (du II siécle avant J.-C. au I siécle aprés J.-C.). Glux-en-Glenne: Centre archéologique européen du Mont-Beuvray, 2002. v. 5.

RANKIN, David. *Celts and Classical World*. London: Routledge, 2002.

RIVES, James. *Religion in the Roman Empire*. Oxford: Blackwell, 2007.

ROSS, Anne. *Druids: Preachers of Immortality*. Gloucestershire: Tempus, 2004.

SCHEID, John. Augustan and Roman Religion: Continuity, Conservatism, and Innovation. In: GALINSKY, Karl. (ed.). *The Cambridge Companion to the Age of Augustus*. Cambridge: Cambridge University Press, 2005.

SILVA, Gilvan V.; MENDES, Norma M. (orgs.). *Repensando o Império Romano: Perspectiva Socioeconômica, Política e Cultural*. Rio de Janeiro: Mauad/Edufes, 2006.

STRABON. *Géographie*. Tradução de F. Lasserre. Paris: Les Belles Lettres, 2003.

TACITUS. Agricola. *Agricola and Germany*. Oxford: Oxford University Press, 1999.

TACLA, Adriene Baron. Adeus às Chefias? Considerações Sobre Poder e Complexidade na Idade do Ferro da Europa Centro-Ocidental. III Simpósio Nacional e II Internacional de Estudos Celtas e Germânicos da Universidade Federal de São João del-Rei – Saber e Poder Entre Celtas e Germânicos: Formação, Representação e Transformação. São João Del-Rei, 2008. *Livro de Atas*. São João Del-Rei: UFSJ/Brathair, 2008.

VENDRYES, Joseph. *La Religion des Celtes*. Spézet: Coop Breizh, 1997.

WEBSTER, Jane. A Negotiated Syncretism: Readings on the Development of Romano-Celtic Religion. *Journal of Roman Archaeology. Dialogues in Roman Imperialism. Power, Discourse, and Discrepant Experience in the Roman Empire*, Portsmouth, v. 23, 1997.

_____. At the End of the World: Druidic and Other Revitalization Movements in Post-Conquest Gaul and Britain. *Britannia*, v. 30. Disponível em: <http://www.jstor.org/stable/526671>. Acesso em: 20 out. 2010.

WELLS, Peter S. *Beyond Celts, Germans and Scythians: Archaeology and Identity in Iron Age Europe*. London: Duckworth, 2004.

_____. *Image and Response in Early Europe*. London: Duckworth, 2008.

WOOLF, Greg. *Becoming Roman: The Origins of Roman Civilization in Gaul*. Cambridge: Cambridge University Press, 2000.

Coleção Khronos

1. *O Mercantilismo*, Pierre Deyon
2. *Florença na Época dos Medici*, Alberto Tenenti
3. *O Anti-Semitismo Alemão*, Pierre Sorlin
4. *Os Mecanismos da Conquista Colonial*, Ruggiero Romano
5. *A Revolução Russa de 1917*, Marc Ferro
6. *A Partilha da África Negra*, Henri Brunschwig
7. *As Origens do Fascismo*, Robert Paris
8. *A Revolução Francesa*, Alice Gérard
9. *Heresias Medievais*, Nachman Falbel
10. *Armamentos Nucleares e Guerra Fria*, Claude Delmas
11. *A Descoberta da América*, Marianne Mahn-Lot
12. *As Revoluções do México*, Américo Nunes
13. *O Comércio Ultramarino Espanhol no Prata*, Emanuel Soares da Veiga Garcia
14. *Rosa Luxemburgo e a Espontaneidade Revolucionária*, Daniel Guérin
15. *Teatro e Sociedade: Shakespeare*, Guy Boquet
16. *O Trotskismo*, Jean-Jacques Marie
17. *A Revolução Espanhola 1931-1939*, Pierre Broué
18. *Weimar*, Claude Klein
19. *O Pingo de Azeite: A Instauração da Ditadura*, Paula Beiguelman
20. *As Invasões Normandas: Uma Catástrofe?*, Albert D'Haenens
21. *O Veneno da Serpente*, Maria Luiza Tucci Carneiro
22. *O Brasil Filosófico*, Ricardo Timm de Souza
23. *Schoá: Sepultos nas Nuvens*, Gérard Rabinovitch
24. *Leni Riefenstahl: Cinema e Nazismo*, Luiz Nazário
25. *Dom Sebastião no Brasil*, Marcio Honorio de Godoy
26. *Espaço (Meta)Vernacular na Cidade Contemporânea*, Marisa Barda
27. *Os Druidas*, Filippo Lourenço Olivieri

Este livro foi impresso em São Paulo,
nas oficinas da MarkPress Brasil Gráfica e Editora, em setembro de 2014,
para a Editora Perspectiva.